前　言

西方文明发现的理性是人类的理性，印度文明发现的悟性和中国文明发现的知性也是人类的悟性和知性。理性、悟性和知性一起构成了人类的三种基本思维方式。我们把它们统一起来，就有了中国现代哲学和世界哲学。

目　录

第一章　中国传统文化:思考的方式

1. 价值标准的时尚性

如何继承中国传统文化?“取其精华,剔其糟粕”似乎是无懈可击的方法。但是,使用这个方法的前提,首先是,要能够识别中国传统文化中的精华和糟粕;其次,精华和糟粕可以被分离。如果没有一个判断精华和糟粕的标准,这个方法就不具可操作性。如果有这样的标准,那么我们就知道什么是精华、什么是糟粕。因为这是一个现代标准,我们所做的“继承”,其实是在证明,我们现在认为的精华和糟粕“古已有之”。这样的价值判断就不可避免地带有时尚特征。如对《老子》①,20 世纪的某个时候反对《老子》的,就说它是唯心、形而上的;赞成的,就说它是唯物、辩证的。现在,自由主义②成为时代的潮流。有一些人认为,儒家思想③和民主从根本上是冲突的;另一些人则认为,“仁”④的概念里包含某些民主的思想。如果从稍长的一段时间来看,无论这些价值标准在当时影响多大,用它们肯定传统文化,就像时尚一样,只是流行一时。

问题出在所使用的这些标准都是外来的,和中国传统文化完全无关。标准本身即不具中国文化的传承性。我们可以学习和使用这些标准,但以它们分析中国文化,却有适用性的问题。无论标准对错,单独使用它们得到的结论,都不存在对传统的继承,因此也不会被后人看作是对传统的发展。后人在研究传统时,就不会沿用这些结论。对于肯定传统来说，它们既不能承前，也不能启后，只可能流行于一时。

我们这个时代也会成为历史。我们能不能留下一些属于这个时代的思想，作为传统留给后人？如果我们试图寻找一些永恒的东西，那么就应该想想：使用中国传统文化这样一个概念，其要求是什么？这个要求，将是先于任何一套价值标准的。

2. 中国传统文化：独特性和普遍性的问题

当我们使用中国传统文化这个概念时，在我们的观念里，和中国相对立的是西方。虽然世界上存在着许多其他文化，但是我们现在实际上重视的非中国文化，就是以古希腊[5]和古罗马文化[6]为传统的西方文化[7]。在这样的语境下，中国文化有别于西方文化，西方文化也有别于中国文化。否则，它们就不在我们当前使用的意义上，是相互对立的概念。我们使用"中国"这样的定义，其指向就是我们文化的某种独特性，它使中国文化区别于西方文化，并且让我们感觉到：无论西方文化对我们每一个人的影响有多大，这种独特性使我们在文化上是一个不可更改的中国人。而和传统这个概念相对立的则是现代。下面我只以中、西文化为例进行讨论，但是引入其他的文化，实际上并不影响结论。

我们常常看到这样讨论中国传统文化的方法：《易经》[8]是科学的，《道德经》[9]是讲辩证的。有多少种西方的学术理论，大概就有多少种类似的分析方法。无论这种方法试图肯定的内容是什么，它的逻辑都是：西方文化有什么（科学、理性、唯物、唯心），中国文化也早已有什么。如果用这种方法得出的结论不成立，它对于肯定中国传统文化当然没有什么意义。我假设这样的结论成立，那么它所肯定的就是某种普遍性，因为它所肯定的，既不只属于西方，也不只属于中国。所以这种办法最多只能证明"古已有之"，却不能得到任何可以称之为"中国"的东西。

我们如何获得中国文化的独特性？因为差别都是相对而言的，获得独特性的唯一途径，是不同文化之间的相互比较。

文化比较一直是一个热门话题。几乎我们生活的方方面面，现在都冠以文化的名义。关于中、西文化不同的对比，我只举一个比较典型的例子:西方文化是理性的，中国文化是感性的。这一结论似乎道出了中国文化的特点。从事文化研究的学者也可以在中、西文化中，找出许多的证据来让人相信这一点。问题是，这个结论作为文化比较的结果也许可以成立，却不能作为一个学术理论的基础。理性要求从某个普遍性出发，而这样的结论不是一个关于同一性的论述，因此它不满足理性的要求，不能作为一个可证伪理论[10]的前提。但许多人就是用这样一些由简单比较得出的结论作为前提，匆忙建立自己的理论的。西方也有一些对人类思想发生重大影响的理论，比如弗洛伊德[11]的理论，就是用这种方法建立的。不论这样的学术大厦如何雄伟华丽，因它立足在沙滩上，迟早是要坍塌的。

肯定中国文化，必须找到它的独特性。但由文化比较获得的独特性不具普遍意义，不能用来建立理论。难道我们真的无路可走？

3. 显性和隐性:突破

我们重新思考上面的例子。西方文化是理性的，中国文化是感性的。我们把理性看成西方文化的特点，并没有错。其他文化没有类似希腊文化中关于“理念”[12]的表述。但请想一想，我们中国人没有理性吗？如果没有理性，我们如何理解西方人的理性？如何讨论问题？任何文化传统，都不妨碍一个人理解自然科学中那些基于人类理性的伟大成就。限制他的，只会是他的知识和智力。所以，我们并不是没有理性，只是没有发现和清晰地表达出来而已。

这个例子说明:我们通过比较发现，不同文化的众多差别中，某些心灵上的独特性，比如西方文化的理性特征，只是人类心灵的某种普遍性在某一文化的特殊反映。即它在发现它的文明中是显性的，而对其他文明则是隐性的。突破这一点,独特性带来的理论困境就不再是问题[13]。我们把那些实际上在其他文明中也隐含的独特性综合起来,就能得到人类心灵的普遍性。从这个普遍性出发建立的理论,就可以同时解释西方文化和中国文化,并让我们可以区分它们的特征。

使某些文化比其他一些文化更为重要和更有价值的,正是对这些人类普遍性的发现。理性的发现,构成了西方文化的特征和价值所在,但理性是人类的理性,而不只是西方的理性。西方文化有理性,中国文化有什么?对我们影响深远的印度文化又有什么?不能回答这些问题,就无法肯定中国文化的特征和价值。如果我们认为存在着中国传统智慧,那就不是某种理性,而是一种和理性不同的思维方式。它在理性之外,但在人性之内。《易经》的价值不在于它是科学的或理性的。我们要发现的是"中国心",是人类共有的"中国心",这才是传统的价值所在,也是《易经》的价值所在。

4. 普遍性与特殊性:理论与观察

我们总是以特殊性开始认识世界,到形成一个理论,完成对某种特殊性的认识。而一个理论总是能说明"某种特殊性只是某种普遍性的特殊反映"。这个理论必须说明,在什么条件下能够观察到这种特殊性。它也能预测到,在我们没注意的范围能观察到什么。只有基于普遍性,我们才明确某种特殊性发生的条件和它存在的范围。对于人类文明也是一样。中华文明不是一个和世界性对立的概念。从理论上而言,只有在一个世界性的背景下,才能凸显出中华文明特征的边界和价值。在实际中也可以看到,那些顺应世界潮流而走向现代化的国家对传统文化保护得很好。所以,对任何一种文明特征的了解只是认识的第一步,我们无从断定,这种特征为什么只在这个文明存在。比如儒家文化,我们有的关于儒家文化的知识,并不能让我们知道,儒家文化是不是只对中国文明有意义,还是其他文明在某种程度上也可以接受它。当我们认识到某种文明的心灵特征对其他文明是隐性存在的,那么它就是人类心灵的一种共性。随着对这些共性的不断认识,我们就能从人类心灵出发去定义人,也定义这种文明的特征。

对于人的认识来说,经验和直觉也可以让你知道对与错。但无论你是试图肯定自由主义,还是肯定传统文化,你都必须从超越时空的普遍人性出发,才能从理论上证明:自由主义对西方是适用的,对东方也是适用的;某些传统文化对过去是适用的,对今天也是适用的。你能肯定它们源于普遍人性,你才能肯定它们放之四海而皆准的不朽价值。这才是人类理性的方式。

总之,我们需要的理论应该以人为前提。世界是变化的,而人性是不变的。文明是人类活动的结果,我们能说明文明共同的来源,才能真正解释文明的特征和差异。那么,这样一个关于人的理论又从何而来?

5. 盲人摸象:三大哲学体系

限定问题的范围是讨论的基础,而我们回答一个问题时,往往忘了自己的前提是什么。盲人摸象的故事中,盲人们为什么争论不休?因为他们都只摸到大象的某一部分,却当成摸到了整个大象,所以他们都错了。

这个回答并不错,但前提是"你不是盲人"。当我们面对世界上不同的文明、不同的文化时,这个前提现在不存在。文化比较的意义正在此。这个故事的智慧,在于认识到盲人们都是对的。人当然可以假设自己是对的,但不能推出别人必然是错的。人常犯的错误,就是认为自己已知道一切,忘了自己也不过是一个"盲人"。清楚这一点,我们就能平等地看待一切文化,对任何一种文化的肯定,不是对其他文化的否定;不以一种文明中的思维方式去解释另一种文明,否则就已假定前一种文明的思维方式是正确和无限适用的。对于那些最不可思议的思想，我们也要试图发现其中的价值；对于那些最为成功的理论，我们也要怀疑它的适用范围。儒家、道家、空、有[14]、唯物、唯心都可以是对的。我们要思考的是：它们是大象的哪一部分？

人类已创造了如此多种多样的文明。每一种文明都有它们自己对人的认识。我们就从不同文明去寻找我们理论的基础，看看它们都摸到了大象的哪一部分。

世界上的不同文明显然太多，而只有具有普遍意义的文明特征，才是我们需要选择的。就世界上几大古文明[15]来讲，被认为拥有哲学体系的，只有古希腊、古印度、古中国。每个文明都有自己的先知和哲学家，但只有这三大文明的思想家描绘了不同的心灵结构，形成了自己独特而庞大的哲学体系。这种划分所依据的是心灵特征。这些心灵特征不仅表明了这些文明的与众不同，也是人类心灵的组成部分，存在于每个人之中。那些在同一文明中看来尖锐对立的思想，从人类心灵而言并不对立，遵循的是同一种思维方式。无论创造这些文明的民族，在武力上是征服还是被征服，这些文明都是扩展的，都拥有心灵征服的力量。

我并不否认有其他发达的古文明，它们对人类文明同样有过巨大贡献。我在这里所关心的是，一个文明是否发现了人的一种普遍的心灵特征，而且这种特征的描述不包含在其他文明的思想中。

中国人在思想上受到重大影响的就是这三大文明。西方文明对当今世界的影响是人人都可感受到的。而印度文明通过佛教的传入，已成为中国传统文化的一部分。假设这三大文明的特征，就是我的理论所需要的，它们的发现，就构成我要看到的大象：人类心灵。

注释：

①《老子》，先秦道家典籍，又称《道德经》《道德真经》《五千言》《老子五千文》，传说是春秋时期（公元前770—前476年，中国东周的前期）的老子（即李耳，河南鹿邑人）所撰写。关于这部书实际的产生时间，一般认为是在战国时期（公元前476—前221年，中国东

周的后期)。《道德经》分上下两篇,原文上篇《德经》、下篇《道经》,不分章,后改为《道经》37 章在前,《德经》44 章在后,合称《道德经》,共 5000 多字,是道家哲学思想的重要来源,也是中国对世界影响最大的思想著作。据联合国教科文组织统计,《道德经》是除《圣经》以外,被译成外国文字发行量最多的文化名著。

②自由主义是一种意识形态、哲学,是以自由作为主要政治价值的一系列思想流派的集合。更广泛的,自由主义追求保护个人思想自由的社会、以法律限制政府对权力的运用、保障自由贸易的观念、支持私人企业的市场经济、透明的政治体制以保障少数人的权利。在现代社会,自由主义者支持以共和制或君主立宪制为架构的自由民主制,有着开放而公平的选举制度,使所有公民都有同等的权利担任政务。自由主义反对许多早期的主流政治架构,例如君权神授、世袭制和国教制度。自由主义的基本人权主张为生命的权利、自由的权利、财产的权利。

③儒家思想也称为儒教或儒学,指由孔子(公元前 551—前 479 年,春秋时期鲁国人)创立的以仁为核心的思想体系。儒家思想奉孔子为宗师,所以又称为孔子学说,是中国古代自汉代以来的主流意识流派,在绝大多数的历史时期作为中国的官方思想,至今也是一般华人的主流思想基础,对中国以及东方文明发生过重大影响。

④仁是中国古代一种含义极广的道德范畴,本指人与人之间相互亲爱,因为儒家的发展而成为中国古代重要的道德标准、人格境界及哲学概念。孔子之前已经有关于仁的观念,但孔子对仁的重视和阐述提高了它的重要性。孔子把仁作为最高的道德原则和道德标准。他第一个把整体的道德规范集于一体,形成了以“仁”为核心的伦理思想结构,它包括孝、悌、忠、恕、礼、知、勇、恭、宽、信、敏、惠等内容。其中孝悌是仁的基础,是仁学思想体系的基本支柱之一。一般认为仁是孔子思想的核心。

⑤指从公元前 8 世纪开始,到公元前 146 年被罗马征服的这段时间的希腊文明。古希腊文化作为古典文化代表,在西方乃至世界

都占有极其重要的地位。古希腊人在文学、戏剧、雕塑、建筑、哲学等诸多方面均有很深的造诣，从而成为整个西方文化的精神源泉。由于古希腊文明对罗马帝国的重大影响，后者将前者的文明吸收并带到环地中海和欧洲的许多地区。因此一般认为古希腊文明为西方文明打下了基础。

⑥古代罗马兴起于意大利半岛，与希腊毗邻。罗马社会先后经历了王政时代、共和时代和帝国时代三个阶段。罗马文化是西方古典文化的重要组成部分，它与希腊文化有着千丝万缕的联系。古罗马对西方文明最重要的贡献之一就是其完备的法律体系，包括市民法（仅适用于罗马公民）、自然法（适用于所有人）和国家关系法（用于调节罗马人与其他民族之间的关系）。从公元2至6世纪，罗马法经历了一个不断补充和完善的过程，至公元534年在东罗马帝国国王查士丁尼的主持下编撰完成并颁布施行，后人称之为《民法大全》。该法典对西方文明的影响被认为仅次于《圣经》，其基本思想和原则已融入西方乃至世界各国的法律中。

⑦西方文化的概念通常与西方世界传统定义相关联。根据此定义，西方文化是其文学、科学、音乐以及哲学原理的合集，并且有别于其他主要文明。其主要来源于古希腊和古罗马，适用于受西欧移民或殖民影响强烈的国家，不仅限于西欧。在世界范围内，西方文化中的元素对其他文化具有很强的影响力。许多不同文化背景的人，包括西方与非西方的，都将“现代化”与“西化”等量齐观。当然也有许多非西方人士，反对将采纳的西方理念与价值作为所有社会的必然。一些非西方世界的成员，将科技进步跟西方的不同价值观相联系，由于西方价值观与他们当地社会的价值理念大相径庭，他们便以此作为理由，来反对大部分的现代化。

⑧《易经》也称《周易》或《易》，是中国最古老的文献之一，并被儒家尊为“五经”之首。《易》事实上是包括了古代的《连山》《归藏》和《周易》，但《连山》和《归藏》已经失传。《易经》以一套符号系统来描述状态的变易，表现了中国古典文化的哲学和宇宙观。它的中

心思想,是以阴阳交替的变化描述世间万物的变化。广义的《易》包括《易经》和《易传》。《易经》分为《上经》30卦,《下经》34卦。由于《易经》成书在西周时期,文字含义几经演变,内容在春秋战国时便已不易读懂,因此春秋战国时代的人撰写了《十翼》,又称为《易传》,以解读《易经》。

⑨见《老子》注。

⑩最早由卡尔·波普尔提出。在科学和科学哲学中用来表示由经验得来的表述所具有的一种属性,即“这些结论必须容许逻辑上的反例的存在”。如果一个主张是可证伪的,则至少在理论上存在一种观测的方法(即使实际上没有进行这项观测也无妨),来表明这个主张不符合重言式的标准(即这个主张不总是真的)。对某种描述进行观测的逻辑前提,是它描述的事物是存在的。

⑪格蒙德·弗洛伊德(1856—1939),奥地利犹太心理学家、精神病医师、精神分析学派创始人。他把人的心理分为意识、前意识和无意识,后又分为意识和无意识(包括被压抑的无意识和潜伏的无意识)。认为存在于无意识中的性本能是人的心理的基本动力,是支配个人命运、决定社会发展的力量;并把人格区分为自我、本我和超我三个部分。其学说被西方哲学和人文学科各领域吸收和运用。主要著作有《梦的解析》(1900)、《日常生活的精神病理学》(1904)、《精神分析引论》(1910)、《图腾和禁忌》(1913)、《精神分析引论新编》(1933)等。

⑫理念,古希腊哲学家柏拉图的核心思想。他认为存在着一个由形式和观念组成的客观而普遍可靠的实在世界,即所谓“理念世界”。理念世界是独立于个别事物和人类意识之外的实体,永恒不变的理念是个别事物的“范型”,个别事物是完善的理念的不完善的“影子”或“摹本”。他认为理念世界比现实世界更真实、更完美。

⑬中国哲学的特殊性和普遍性问题,自金岳霖在关于冯友兰《中国哲学史》上册的《审查报告》指出的“中国哲学”和“哲学在中国”的不同,一直到本世纪初有关中国哲学合法性的讨论,始终没有

解决。如果持普遍性的观点,就会失去传统;如果持特殊性的观点,就不能融入现代。我在这里是用显性和隐性来消解特殊性和普遍性的对立,彻底解决传统和现代的冲突问题。

⑭空与有,佛教用语。一切法缘生无有实体,叫作空(指法性);虽然性空但有假相,叫作有(指幻象)。是佛教所说相反相成的真俗两谛。

⑮西方人一般称之为文明的摇篮。比较普遍的看法是四大文明古国:古巴比伦(两河流域)、古埃及(尼罗河流域)、古印度(印度河、恒河流域)、古中国(黄河、长江流域)等四个人类文明最早诞生的地区。由于古文明缺乏准确的文献纪录,其具体生成时间学术界尚有争论。人类今天所拥有的哲学、科学、文学、艺术等各方面的知识,一般都可以追溯到这些古老文明的贡献。对于希腊文明是否应该与四大古文明并列而称为"五大古文明",学界有争论。我个人当然是支持并列的观点,这是这篇文章的立论基础之一。

第二章　二元对立和三大文明

1. 二元对立论

我们当然必须提出一个对所有人都适用的普遍性原则作为前提。这个原则从三大文明的特征综合而来，又必须超越三大文明。我们知道，一个婴儿是通过二元对立，建立对外在世界的认知反应的；我们也知道，二元对立是一切文化的普遍现象，即人类不同文化的最大公约数，就是人的认知本身。

那么，二元对立到底是什么？一般人所理解的二元对立，只包括对立二元，比如黑、白，大、小，善、恶这些对立概念。既然人依赖二元对立建立自我意识，那么，我们就应当把人本身放进去。所以，我要建立的，是一个包含自我、三位一体的二元对立论。

先定义一个概念：本体。我们先回到哲学的基本概念：存在和自我存在。第一种存在，是指不因个体生命的消失而不能认识的存在，比如宇宙、星星、太阳等。第二种存在，是指第一种存在相对于人而言的某一存在，或者说是人如何感知第一种存在。这里说的“某一”，是指第一种存在相对于人可能不止一种存在。这第二种存在我称之为本体。比如：时间是第一种存在。时间对于人的存在是它的长度和方向，这是第二种存在，它们是本体。人通过第二种存在知道“有”第一种存在。第一种存在对人仅此而已。下面所说的存在一般都指第二种存在。因此，本体就是人获得的存在。

再定义一个概念:主体,把人获得某一本体时的自我存在,称为主体。

我所说的二元对立的组成,是一定范围内的对立依存的本体,和不属于对立本体、不能离开对立本体的主体。一定范围是指二元对立只会是一个有限存在。这个范围是本体变化和被确认的最大边界,也是同一主体变化的最大边界。如果以彼、此表示对立本体,主体的存在就是非此非彼,不离彼此。而由于主体的存在,对立本体又是依存的。这个依存,是指对立本体随某个主体同时变化、共生共灭。

对立二元是大家都熟悉的。新的部分是主体的定义:非此非彼,不离彼此。虽然哲学是思辨的,但既然哲学要讨论人,它就应当符合人的思维经验。日常的经验有时会蒙蔽我们,但一个理论无法解释经验,它也不会是对的。即使物理上那些所谓的思想实验,也仍然是从人的经验出发的。它只是要把那些容易引起误解的表象过滤掉,让人可以看到经验之下的真相。我们来做一个二元对立的判断实验。在实验中,对立二元是黑、白。因为只有黑、白,自我不矛盾的判断是:这是黑的,这不是白的(或黑、白换位)。既然人知道"这是黑的",自我在判断时当然是存在的:我思故我在[①]。黑不存在,"这是黑的"这个判断无法作出。所以,黑不存在,判断"这是黑的"的自我也不存在。自我当然不是黑。同样,白不存在,判断"这不是白的"的自我也不存在。自我当然也不是白。实际中,我们只用"这是黑的"判断,"这不是白的"被认为包括在第一个判断中。只有这两个判断同时发生在同一个自我,我们才能认为第二个判断被包括在第一个判断中。否则,作这两个判断的自我就是不同的(不同时),这两个判断就是相互独立的。所以,白在作出第一个判断"这是黑的"时也存在,才能不陈述在判断中。在这个实验中,我们得到的自我是:黑、白不存在,自我不存在。自我不是黑,也不是白。我们有的关于自我的认识就是这么多。按"奥卡姆剃刀原理"[②],也不允许我们要求更多。但这些已足够了,主体就是这么定义的。

我们习惯了“是什么”的存在，不习惯这种“不是什么”的存在。如果自我是一个“是什么”的存在，我们早就找到它了。要让一个人相信有“不是什么”的存在，最好的办法是让人看到它。这可以做到，因为人总要把他的认识表示出来。在二元对立论中，主体判断对立本体，对立本体又说明主体。那么，要在空间表示出对立二元，就要定义一个位置。这个位置具有主体的性质，让人可以区分对立二元。并且，对立二元和这个位置必然是循环定义的。比如正数、负数、零。大于零的是正数，小于零的是负数，零不是正数也不是负数。

如果你觉得上面的描述太抽象，我给一个直观的图像。二维的二元对立论的模型就是中国的太极图。圆圈是范围，黑、白是对立依存的本体，中间的曲线是主体。这条曲线不属于黑，也不属于白；黑、白不存在，它也不存在。所以它是非黑非白，不离黑白（非此非彼，不离彼此）。这条曲线的存在方式，就是人的自我（主体）的存在方式。相似的模型是形式逻辑图。因为主体不可变，所以中间是一条直线。如果只是主体，可以用一个空的圆圈表示，它正好表示印度文明的特征，把圆圈以中间线为轴旋转九十度，你就只看到一条直线。当然，自我通常是很多不同层次的主体的组合，或者说是一个复合主体。反过来说，主体就是一个单一的自我。所谓的存在可以是很多不同层次的本体的组合，或者说是一个复合本体。比如一块石头，它有大小、轻重、颜色，这些不同性质都是本体。二元对立论就是说，这些性质总是以对立依存方式存在。我们如何获得这些性质的方式，就是我们存在于这些性质的方式。有人会问，这块石头的长度和质量也是本体？它们似乎是可量化的物理实在，它们的对立本体是什么？思考你如何测量空间长度，你需要时间。反过来，你如何知道时间长度？看你的手表，你是以一个空间长度作为时间长度。量化并不改变对立依存性。空间长度和时间长度就是对立依存的本体。你如何存在于时空中，就如何获得它们。这正是狭义相对论[3]告诉我们的。

二元对立是这个世界对我们的存在方式，也是我们自身的存在方式,其实也是所有生命的"自我"存在的方式。因为二元对立论是一个关于存在和自我的理论,每个人都可以通过自我观察去理解它,比如你的善恶观念和道德自我。

我通过对三大文明的哲学体系的观察,建立二元对立论。但二元对立论并不依赖于这些哲学体系,也不依赖于任何近现代哲学理论。我并不用这些哲学体系去证明二元对立论;也不用任何近现代哲学理论作为二元对立论的基础,而是以二元对立论解释这些哲学体系的特征。一旦明确这些哲学体系和二元对立论的关系,就会清楚二元对立论和近现代哲学理论的相关性。我先定义和讨论主体与本体的特性,是因为这些特性是和三大文明的特征相关的。然后再回到三大文明,通过这些哲学体系里最初和最核心的概念,去了解三大文明都"摸到"了什么;通过文明的不同发现,理解这些文明对人类心灵探索的特殊贡献。

2. 本体的特性

根据上面所说的二元对立论,本体包含三个特性:

随缘性:只对某个范围和某个主体存在。

唯一性:限定范围,本体是确定的,非此即彼。

共生性:单一本体不存在,对立本体不可分离。

随缘性是指本体的存在,取决于人用什么样的对立性去认识某些存在,也取决于这一对立性存在的范围。比如时间,我们可以讨论它的长度,也可以讨论它的方向。而"某个范围"是指范围的变化会导致本体的变化。我们在某一范围认定是黑的,在另一范围可能认定是白的。原来认为不相干的存在,以后可能被视为对立的,也可能被视为同一的。

唯一性是指在限定对立性和范围的情况下,人对某一存在的判断是非此即彼,不存在第三种选择。或者说,人判定某一存在是某一本体,或是此一本体的对立本体。

共生性是指本体总是两两对立存在，不会有单一本体存在。人们曾经认为时间的长度单独存在，这个看法却被狭义相对论推翻了。

我们比较三大文明最初提出的哲学概念，就能清楚它们对本体（存在）的认识是不同的。观察佛教中的“缘起”（万事万物皆因缘而生），柏拉图的“理念”（共相问题），《易经》中的“阴阳”（孤阴不生，独阳不生），就会知道这三大文明分别揭示了本体的随缘性、唯一性、共生性。当然，我们原本就是从三大文明去认识二元对立的本体的，现在，我先讨论人类心灵是什么，然后再讨论三大文明的心灵特征。

3. 主体的特性

主体也有三个特性：

融合性：不同主体可以通过融合而更新。

重演性：同一主体可以重复出现。

自生性：新主体可以由旧主体变化而来。

融合性是指同一类存在于不同范围的，可能由不同的对立性描述，而被视为不同的本体。这些本体对应不同的主体。这些分立的主体能够融合为一个新主体，从而也得到一个在更大范围的新本体。这其实是人类不断积累知识、获得普遍性的方式。

重演性是指依二元对立论，限定范围和本体，主体是固定不变的，可重复出现的。对不同的人，这个主体是静态的，对所有人是相同的，即人观察到相同的存在。我们建立的描述存在的理论，都依据二元对立论的方式。反过来说，一个三元系统即不可描述。因为我们不能确定主体，或者说无法重演。

自生性是指在一定范围，不改变二元对立组成，对立性可以依环境变化而调整。新的主体由旧的主体直接变化而来。我们可以从自我对外在环境变化的适应能力，看到自生性的存在。

我也是从三大文明去认识二元对立论的主体的。主体的特性和本体的特性是一一对应的。对三大文明来说，它们的本体观和主体观是一致的。根据主体的不同特性，我们就可以区分人的思维方式，并由不同文明的独特发现，讨论本体、主体特性之间的关系。

4. 哲学的基本概念和二元对立论

下面讨论三大哲学体系中，最初提出的基本概念。这些概念必须被公认为自身哲学体系中最核心的概念，也已被认为是人类哲学史上最重要的概念，在不同的哲学体系中并没有相同的表述。它们能显示自身所在的哲学体系的特征，又存在于二元对立论中。即它们是某种文明特殊性的标志，又属于人类心灵。分析这些概念和二元对立论的关系，就能知道二元对立论是如何建立的，以及这些哲学体系的特征；也会知道文明交融时，一种文明特有的思想是如何慢慢融入另一种文明的，从而对人类思想发展进程形成清晰的认识。

在方法上，这是回到雅斯贝斯所说的轴心时代④，从三大文明各自的思想源头去分析它们和二元对立这个总源头之间的关系。从第一章理论和观察的讨论来讲，从观察到的基本现象去猜测理论，就像一个拼图游戏，如果没有遗漏，最后既不会多一块，也不会少一块；而从建立的理论看现象，它们应当是满足这个理论在逻辑上所允许的、全部可能的存在。如果轴心时代已产生了所有可能的基本文明模式，那么哲学的基本概念必然是完备的。

一旦知道不同文明是如何分流的，自然会知道它们合流——文明交融时会发生什么。在轴心时代之后，只有部分的文明交融发生了，而不是这些文明交融的所有可能性。如果二元对立论是正确的，那么它不仅可以分析已发生的，也可以预测未发生的。

我不对这些基本的哲学概念作所谓现代化的解释，因为它们是我的思想来源，而不是相反。我只说明二元对立论包括了这些概念的哪些部分，也说明哪些部分没有包括在二元对立论中。包含一切，解释一切似乎是哲学家的通病。

5. 佛教哲学的基本概念之一:缘起

缘起的哲学思想是佛教理论的基石,也是佛教有别于当时印度其他传统思想的地方。它奠定了佛教作为世界五大宗教[5]之一地位的最初的思想来源。无论大乘[6]还是小乘的不同派别,只是对缘起的看法不同。所以,缘起的概念,可说是佛教的核心思想。

缘起的定义,按佛经中所说是“此有故彼有,此无故彼无。此生故彼生,此灭故彼灭”[7]。“此有故彼有,此无故彼无”是就空间而言,表示同时的依存关系,是三法印[8]中的“诸法无我”,是佛教存在论的基础。“此生故彼生,此灭故彼灭”是就时间而言,表示异时的依存关系,是三法印中的“诸行无常”,是佛教因果论的基础。

二元对立论只定义了主体、本体的空间存在,所以这里只解释“诸法无我”。“诸法”指一切存在的现象;“我”指永恒不变、独立存在的自性。因为“此有故彼有,此无故彼无”,而有的两个存在之间的这种依存关系,任何存在都不能不依赖于其他某个存在而独立存在,所以就没有所谓独立存在的自性。有情众生无我,无情万物亦无我。无真实的我,亦无真实的万物,是谓“诸法无我”。即没有独立的、永恒不变的自性,无论它是物还是人。如果有,就可以独立存在,不用遵守任何依存关系了。

二元对立论的主体和本体之间、对立本体之间都是相互依存的。所以,存在和自我亦不单独存在,就是“诸法无我”。但前面我只说本体的随缘性,因为二元对立论已先定义了主体依存于对立本体(不离彼此)。二元对立论因此支持的,是唯识论或唯名论的观点。

佛教没有仔细讨论存在与自我(色与识)在一般情况下依它性的差别。二元对立论对此做了认识论上的区分。对于存在,此依于彼;彼依于此。对于自我,同时依于彼此。如果不做这个区分,就无法说清楚“离相”“寂灭”“物我双亡”这些佛教思想中最有特点,也最有价值的概念。理解它们的关键就是存在和自我的依它性在特别情况下可以相同。这是后面讨论的重点。

6. 佛教哲学的基本概念之二:空

万事万物皆依缘而起,所以空无自性。万事万物的存在,却是不能否定的。这个存在,在佛教来讲就是"缘起有",又叫"假我"。就是佛教看来的万事万物的自性,称自性是空。空既要否定一切存在的自性,又要肯定一切存在的存在。空不是无,但你说这个空是或有什么时,它就不符合缘起了。所以空所描述的这种存在,是以否定的方式得到的。这种坚定不移的否定,在被称为佛陀第二的龙树那里,得到了最清楚的表达——这就是空论。空论最明确的表述是《中论》[9]的八不中道:不来亦不去,不一亦不异,不出亦不入,不常亦不断,我稽有礼拜,诸说中第一。八,在印度有一切的意思。来和去、一和异、出和入、常和断都是对立概念。八不中道的意思就是,存在于一切对立性之中,但不是对立二元本身,就是空(非此非彼)。佛教虽然在印度基本消失了,空论却被乔荼波陀[10]以幻论[11]的名称,继承到印度教[12]中。

龙树的中道空论非常清楚,无须多解释。空论是既说自我也说存在的。但二元对立论只说主体是非此非彼,原因是单一的二元对立结构,容易看到自我的空性,不易看到存在的空性。如果从多个连续的二元对立结构中看存在的空性,存在的意义往往又变化了。在连续的二元对立结构中,存在的空性和自我的空性并无差别:一个存在可以由一组对立存在表示出来,这个存在又说明这组对立存在。

对于佛教徒,尤其是大乘佛教徒来讲,"缘起性空,空性缘起","缘起"和"空"这二者是统一的。如果你觉得"缘起"和"空"的概念不好理解,但有现代西方哲学的知识,我可以用结构主义[13]的说法来说明。世界是由各种关系而不是事物构成的。事物的真正本质不在于事物本身,而在于我们在各种事物之间感觉到的那种关系。在任何既定情境里,一种因素的本质就其本身而言是没有意义的,它的意义事实上由它和既定情境中的其他因素之间的关系所决定。总之，任何实体或经验的完整意义除非它被结合到结构中去，否则便不能被人们感觉到[14]。这和佛教说法的差别只在于着眼点不同，结构主义者关注的是“关系”赋予事物的在既定结构下的意义和这种结构的功能，佛教关注的首先是“关系”对于事物本性存在的否定。这个否定是普遍的、永恒的。在这个否定意义上，佛教徒认为这些事物和所谓意义都是虚妄的、暂时的。按佛教的话，为第一义谛（胜义谛[15]）故，说无。其次才是关系对这些事物和所谓意义存在的肯定。按佛教的话，为第二义谛（世俗谛[16]）故，说有。二元对立是最简单的“缘起”关系，或者说是最简单的结构。

空不是无，我们应当把它显示出来。哲学应当拒绝任何形式的神秘主义。前面，我以太极图中间的曲线显示自我的空性；在后面，将以阿拉伯数字中的“0”显示存在（位）的空性。

7. 中国哲学的基本概念之一：道

“道”被公认为中国古代哲学最重要的概念。但《易经》之道和老子之道显然不一样，“道”在老子那里有宇宙本原的意义。“有物混成，先天地生。寂兮寥兮，独立而不改，周行而不殆，可以为天地母。吾不知其名，字之曰道，强为之名曰大。”[17]我们现在仍不知道宇宙本源是什么，所以这里只谈《易经》之道，即一阴一阳之谓道[18]。《易经》列举了对立性：阴阳和它的演化存在，即八卦和六十四卦。“观变于阴阳，而立卦；发挥于刚柔，而生爻。”[19]卜卦和二元对立论无关。所以，这里不讨论八卦和六十四卦。

《易经》被称为诸经之首，是中国人的思想来源。《易经》最早阐明了阴阳共生和变化的概念。《易经》中的系辞里说：“天尊地卑，乾坤定矣。卑高以陈，贵贱位矣。动静有常，刚柔断矣。方以类聚，物以群分，吉凶生矣。在天成象，在地成形，变化见矣。”[20]这也被老子接受。《道德经》里说：“有无相生，难易相成，长短相形，高下相盈，音声相和,前后相随,恒也。"[21]这在二元对立论中,就是对立本体的共生性。

8. 中国哲学的基本概念之二:天人合一

"天人合一"思想的起源,也可以追溯到《易经》。《易经》里说:"夫大人者,与天地合其德,与日月合其明,与四时合其序,与鬼神合其吉凶。"[22]《道德经》里说:"故道大,天大,地大,人亦大。域中有四大,而人居其一焉。人法地,地法天,天法道,道法自然。"[23]而到了汉代的董仲舒[24],提出"天人之际,合而为一"[25]。天人合一的理论已经很具体了,包括天人同构、天人感应、天人相通。天人合一观根深蒂固地包含于中国古代的文化和思想中。但董仲舒的理论毫无科学性可言,历代对天、人的看法也很不同。我们还是回到《易经》和《道德经》的天人合一。其实是天、地、人合一,和阴阳观是对应的。天、地也是对立概念。有变化才要人合,也只有人能合于天、地。这样,天、地、人就缺一不可。"易之为书也,广大悉备,有天道耶,有人道耶,有地道耶。"[26]《易经》中以天、地、人为三才。《道德经》里也是天、地、人并列。三位一体的观念在很多文化中都有,但将人和天、地等位,视人的地位如此之高的只有我们中国。二元对立论就是这样一个包含主体(人)的理论。二元对立论的核心是主体的定义:非此非彼,不离彼此。这时就可以看出,它是从中、印文明的哲学概念综合而来的。

9. 希腊哲学的基本概念:理念

希腊哲学最重要的概念,是柏拉图的"理念"。关于这个问题的讨论,一部分是逻辑的,一部分是形而上的。逻辑的部分涉及一般字的意义。你知道一只猫是"猫","猫"这个名词,显然和每一个个体的猫是不同的东西,它分享了一切猫的共有的一般性质。没有"猫"

这样的字,语言就无法通行,所以它不是无意义的。如果它有意义,它的意义就不是这只猫或那只猫,而是某种猫性。这种猫性不随个体的猫出生而出生,也不随个体的猫死亡而死亡。即它在时间和空间中是没有定位的,是“永恒的”。按形而上的部分来说,猫这个字,就意味着某个理想的“猫”,即被神所创造的唯一的“猫”。个别的猫都分享这“猫”的性质,却多少是不完全的。正是这种不完全性,才能有许多的猫。“猫”是真实的,而个别的猫只是现象[27]。

以后有一些哲学家提出其他的概念,试图解决共相问题,但都不超出“理念”的贡献。当然,亚里士多德的“本质”[28],更接近我们所说的本体,“理念”更接近于复合本体:某个存在。除了“理念”的逻辑部分,如果我们不考虑它的神学性,它的形而上的部分也是很有意义的。“理念”不仅独立于它指向的某一实际存在,并且独立于某一实际的人。它超越个体认识意义上的本体。所以,“理念”是所有人共用的,并且它比真实的存在更“真实”、更长久。这是希腊哲学不朽的乐章,也是包含在希腊民主、罗马公法和自然科学之中的共同精神,启迪所有的人类心灵。

“理念”指出了概念所表示的存在的唯一不变性。没有它,逻辑分析和演绎推理都失去了依据。我们由它来认识二元对立论中本体的唯一性。“理念”所包含的语言的共用性,则通过主体的重演性表示出来。

注释:

①笛卡儿语,意思是:“当我怀疑一切事物的存在时,我却不用怀疑我本身的思想,因为此时我唯一可以确定的事就是我自己思想的存在。”比较权威的解释是:“我无法否认自己的存在,因为当我否认、怀疑时,我就已经存在!”因为我在思考在怀疑的时候,肯定有一个执行“思考”的“思考者”,这个作为主体的“我”是不容怀疑的,这个我并非广延的肉体的“我”,而是思维者的我。所以,否认自己的存在是自相矛盾的。

②奥卡姆剃刀原理可以归结为“如无必要，勿增实体”。作为著名的唯名论者，奥卡姆以此反对实在论，认为没有必要在个别事物之外设立普遍的实体，因为这些实体既无逻辑自明性，又缺乏经验证据。这一观点促进了经验科学摆脱神学的束缚，并为后来的逻辑经验主义，特别是外延论者所重视。对于科学家，奥卡姆剃刀原理还有一种更为常见的表述形式：当你有两个处于竞争地位的理论能得出同样的结论，那么简单的那个更好。这一表述也有一种更为常见的形式：如果你有两个原理，它们都能解释观测到的事实，那么你应该使用简单的那个，直到发现更多的证据。对于现象，最简单的解释往往比复杂的解释更正确。如果你有两个类似的解决方案，选择最简单的。需要最少假设的解释最有可能是正确的。

③狭义相对论是由爱因斯坦在洛伦兹和庞加莱等人的工作基础上创立的，是应用在惯性参考性下的时空理论，是对牛顿时空观的拓展和修正。爱因斯坦以光速不变原理出发，建立了新的时空观。牛顿力学是狭义相对论在低速情况下的近似。爱因斯坦是在1905年的论文《论动体的电动力学》中，提出狭义相对论的。

④雅斯贝斯在1949年出版的《历史的起源与目标》中说，公元前800年至公元前200年之间，是人类文明的“轴心时代”。这段时期是人类文明精神的重大突破时期。在轴心时代里，各个文明都出现了伟大的精神导师——古希腊有苏格拉底、柏拉图、亚里士多德，以色列有犹太教的先知们，印度有释迦牟尼，中国有孔子、老子。他们提出的思想原则塑造了不同的文化传统，也一直影响着人类的生活。在我的理论里，不认为以色列的犹太教在人类的思维方式上是一个轴心，而只是犹太教的一神论符合西方的理性思维，从而极大地影响了西方文化。

⑤一般指天主教、基督教、佛教、伊斯兰教、道教（或儒教）。

⑥大乘佛教是佛教两大派别的一支，另一支为上座部佛教。大乘佛教亦称“大乘教”，略称“大乘”，梵文音译“摩诃衍那”或“摩诃衍”等。因自称能运载无量众生从生死大河之此岸到达菩提涅槃之

彼岸，成就佛果，故名。又贬称原始佛教和部派佛教为“小乘”，或“二乘”。传出印度本土的大乘佛教(即北传佛教)主要指中国佛教中的汉、藏两大系统。公元1世纪左右形成于印度，而后传播至中亚、中国、日本、朝鲜、越南、印尼以至斯里兰卡。它是北传佛教的主流。大乘伦理中倡导慈悲一切众生，力主以功德回向他人等等。

⑦《阿含经》中的经文。

⑧三法印是佛教术语：诸法无我，诸行无常，涅槃寂静。龙树菩萨的《大智度论》认为此乃三乘学人用以印定所修证佛法正讹之标准。凡符合此三原则的，便是佛教之正法，有如世间印信，用为证明，故名法印。

⑨《中论》是印度佛教论书，印度大乘佛教中观派的根本典籍。又称《根本中颂》《中颂》《中论颂》。共4卷，龙树著，鸠摩罗什译。本论系大乘中观派对小乘部派佛教以及“外道”主张的抨击，目的在于显示自宗所主的“八不缘起”“实相涅磐”“性空幻有”等命题。

⑩乔荼波陀(约640—690)，印度著名的吠檀多派哲学家，吠檀多不二论较早和较系统的表述者，主要著作有《蛙氏奥义颂》(又称《圣传书》)。

⑪参见《蛙氏奥义颂》。

⑫印度教源于古印度韦陀教及婆罗门教，又称新婆罗门教，是世界主要宗教之一。“印度教”是存在于印度本土上的宗教、哲学、文化和社会习俗的综合称谓，它的信仰、哲学、伦理观点等复杂多样，甚至相互矛盾。印度的社会等级、集团和不同的文化阶层有着各自相异的信仰和实践。这种综合性、多样性使人们很难对印度教的信仰和特征作出公认、明确的定义。

⑬结构主义是现代西方的一种哲学社会学思潮。起源于瑞士语言学家索绪尔，他创立了结构主义的语言学。斯特劳斯等人创立了结构主义的社会人文学。

⑭见《结构主义和符号学》，特伦斯·霍克斯著，瞿铁鹏译。

⑮胜义谛，即绝对的真理，又名第一义谛、真谛、圣谛、涅槃、真

如、实相、中道、法界、真空、究竟觉等。

⑯世俗谛,指世间一般所见之真理、道理,又名第二义谛、世谛、俗谛、覆俗谛。

⑰《道德经》,第二十五章。

⑱《易经·系辞上传》,第五章。

⑲《易经·说卦传》,第一章。

⑳《易经·系辞上传》,第一章。

㉑《道德经》,第二章。

㉒《易经》,乾卦文言传。

㉓《道德经》,第二章。

㉔董仲舒(公元前179—前104),西汉哲学家,今文经学大师,广川(治今河北景县西南)人。专治《春秋公羊传》。曾任博士、江都相和胶西王相。汉武帝举贤良文学之士,他对策建议"诸不在六艺之科、孔子之术者,皆绝其道,勿使并进",为武帝所采纳,使儒学成为中国社会的正统思想,影响长达2000多年。其学以儒家宗法思想为中心,杂以阴阳五行说,把神权、君权、父权、夫权串在一起,形成帝制神学体系。他提出了天人感应、三纲五常等重要儒家理论。

㉕董仲舒:《春秋繁露·深察名号》。

㉖《易经·系辞下传》,第十章。

㉗见罗素的《西方哲学史》第十五章,理念论。

㉘哲学名词。又称为实质,是指某一对象或事物本身所必然固有的。从根本上,使该对象或事物成为该对象或事物,否则该对象或事物就会失去其自身的特定属性。

第三章　人的智性和三大文明的不同发现

1. 文明的不同发现:主体的特性和人的智性

三大文明对二元对立的理解是不同的,对人的理解亦是不同的。其中最重要的不同,就是对思维方式的不同选择。

我把人的认知能力,统称为人的智性。从二元对立论而言,自我和存在是不可分离的。人只要获得自我,就获得对存在的认识。而主体的三个特性,都是人获得自我的方式。这样,人的智性就可分为三种,我把它们分别称为悟性、理性、知性。悟性是表示印度文明的发现,理性是表示西方文明的发现,知性是表示中国文明的发现。悟性、理性按习惯的用法,可能比较容易理解。知性在这里有特别的定义,是用来表示以《易经》为来源的中国传统智慧。

下面我先各给三种智性作简单定义,并分析它们与三大文明特征的关系,然后再讨论在不同的认识过程中,哪种智性起了作用,或者是它们的复合作用。

悟性:是指人通过对某类存在的有限个体的观察,即能认识此类存在的能力。

理性:是指人使用共用的概念符号,进行逻辑分析和演绎推理的能力。

知性:是指人依环境发生的变化而自我调整、自我定位的能力。

因为西方文化的强势，现在是理性泛滥的时期，理性和科学几乎成了正确的代名词。但对于人而言，仅有理性是远远不够的。三大文明以各自对智性的理解，在不同范围都取得了成功，这些成功立足于它们对二元对立的不同认识。人类悟性的样板，是印度人发明的阿拉伯数字；人类理性的样板，是欧几里得的《几何原本》；人类知性的样板，是儒家的伦理学说。

三种智性并不只属于某一文明，只是被它们揭示。这些智性存在于每一个人之中，所以我们无时无刻不在用它们。理解这些智性，就是理解我们自己认识世界的方式。

2. 主体的融合性和人的悟性

人如何从个别的具体知识，而得到普遍性的结论？在西方传统逻辑看来，这个方法是归纳推理。它与演绎推理相对立，由若干普遍性较低的命题，引出普遍性较高的命题。其基本内容是：如果在各种条件下，观察到的 A 类对象都有 B 属性，那么所有的 A 类对象都有 B 属性。

这本身有两个逻辑问题。一是就结论的可靠性而言，由休谟[①]指出的：没有什么正确的逻辑论证，容许我们确认“那些我们不曾经验过的事例类似我们经验过的事例”。二是就方法而言，所谓的 A 类别和 B 属性就是普遍性，所以结论实际上已包含在归纳推理的假设中。

现在一般认为，任何普遍性的结论，无论它用什么方法得出，都只是假说，都应被视为有待检验的。可靠性不再是对这个结论的要求，第一个问题就不再困扰我们。困扰我们的是，这样的结论如何才能被检验。波普尔[②]已作了足够多的贡献，即可检验的应该是可证伪的，而不只是可证实的。

第二个问题才是归纳推理的致命点：归纳推理并不导出普遍性，它也并不符合每个人实际的思维经验。我们往往是突然意识到，原来看来不相干的两类事物，是同一个存在或有同一属性。这个同一性并不会在我们获得结论之前就认识到。

因此，作为人的认识过程，一个理论的建立应分为两部分。首先，人是如何获得普遍性的？人可能得出错误的结论，也可能只停留在个人经验上，不上升为理论。其次，当一个人试图把得到的某个普遍性表述为一个理论，如何才是可证伪的？这不是容易的事，往往要花很长的时间。这里先讨论第一部分，把第二部分留在理性里讨论。

既然归纳推理不是我们心理活动的事实，为什么我们不肯放弃它，找一个符合我们心理活动的答案？从特殊性到普遍性不是理性的，就不应在逻辑范围内讨论。它的方式是悟性的。

当我们观察到某个普遍性之前，已观察到一些似乎不相关的、特殊的存在。那么，也必然存在着对应这些特殊存在的过去的自我（随缘性）。这些自我也是不相干的。当我们突然意识到自我的不同存在，对自我变化认识的获得，当然也是对存在变化认识的获得。因为那些特殊存在被视为只是某种变化形式，这些存在的同一性就获得了。主体则发生了一次融合。内在的，人在自我简化；外在的，人对存在重新分类。这里是从自我的角度谈悟性。因为悟性很抽象，我会在下面关于阿拉伯数字的讨论中，以具体的例子，从存在的空性，看人如何可以意识到自我的不同存在。

这个智性活动是一瞬间发生的。它是人的自我审视，所以人在这一刹那似乎远离了现实世界。印度哲学和禅宗里，有很多关于悟性的描述。达摩大师[3]的《悟性论》开篇即说：夫道者，以寂灭为体；修者，以离相为宗。悟性之所以让人觉得神秘，就是“寂灭”和“离相”。这里，对于自我是寂灭，对于存在是离相，它们是同时发生的。因为悟性是每个人都有的能力和经验，自身的体验比任何语言描述都真实。悟性的生理基础的揭示，仍有待于大脑科学的进展。而就心理层面，人的自我发现才是存在的普遍性的获得途径。

3. 悟性的丰碑:阿拉伯数字

任何文明都有它的计数系统。只有印度人发明的阿拉伯数字,具有以有限个符号,表达任意一个数目的能力。阿拉伯数字的这个特征,使我们有一个直观的模型,可以显示不易理解的存在的空性。因为存在的空性,和人如何可以意识到自我的不同存在密切相关,悟性又是智性中最不可思议的,我多花一些篇幅讨论它。

前面已说过,存在的空性,可以从连续的二元对立结构中看到。现在我给出具体的说明,假设 A、B 的对立依存决定一个自我,C、D 的对立依存决定另一个自我。如果人认识到 B、C 也是对立依存,B、C 亦决定一个自我。如果这些对立性,同时对当前环境投影, A、B、C、D 即是连续的二元对立结构。我们以“|”表示自我,这个连续的结构是 A|B|C|D。其中包含三个分立的自我。这时,B 依存于 A 也依存于 C,B 就具有双向依存性,和主体的性质相似。B 如果由 A、C 表示出来,B 是非 A 非 C,不离 A、C。B 就是“不是什么”的存在(空性)。这时,A、B 决定的自我和 B、C 决定的自我就融合在一起了,因为 B 这个存在“消失了”(这时存在离相,自我寂灭)。悟性就是此时人的自我发现。它和存在(B)的空性的获得是同时发生的。即不同主体的融合,发生在本体和主体同一的时候(梵我同一)。我由此给出悟性发生的条件:人突然认识到原来被认为是不同存在之间的相互依存性和它们中某一存在的空性。

我们回到计数系统。在其他的计数系统中,不同的位是不同的存在,比如十、百、千,相互独立。无论何种文明,都是先有低位,后有高位,高位由低位说明。比如一亿是一万万,这是单向的。在阿拉伯数字中,则是不同的。大概没有几个人记得,自己是如何学会阿拉伯数字的。设想自己只会中国的计数方式。有人告诉你,“0”表示“零”,“10”表示“十”,“100”表示“百”。你突然就理解了这个计数系统的进位。问问自己是因观察到了什么,才理解了这个计数系统的吗？是不是十位对百位和个位的同时依存性，和十位本身的空性？只有印度人能想到高、低的位可以相互说明，这是他们的思维方式带来的。只有双向地看不同的位，低位也依赖于高位（缘起），才能获得位的空性[④]。阿拉伯数字不是可以偶然发现的，这份光荣只可能属于印度文明。阿拉伯数字是人类发明的、唯一自我说明的计数系统，也是印度文明的一座丰碑。

直观地，我们如何能把不同的位看成同一的，从而得到"0"。我们需要把这个计数系统，从二维变成三维。"旋转"在印度文化中是一个重要概念。我们让0，1，2，3，4，5，6，7，8，9，10沿一条曲线旋转在某个球面上，0和10是球直径上的两个顶点。我们有其他球放10，20，30，40，50，60，70，80，90，100及更高位的数。把这些球沿顶点直线连起来。球是相等的，形状就像佛珠；球是不等的，形状就像佛塔。我们就可以从两个方向看这些数。沿球排列的方向上，这些位是分开的，而从顶点看去，这些位却是同一点。讨论这个模型，是为了猜测人脑从生理上是如何开悟的。我们也许还可以从唐诗的音韵得到启发，但讨论这个问题超出了我的知识范围。

4. 主体的重演性和人的理性

什么样的理论才是可证伪的？这个理论的普遍性部分，常称为假设或前提，必须是在某个范围内，一个存在唯一性的描述。即在对立二元中肯定一个，否定对立面就是隐含的条件（允许反例的存在）。比如狭义相对论的第二个假设：相对于不同惯性坐标系的观察者，所观察到真空中的光速是相同的。因为演绎推理是从普遍到特殊，从这一前提出发的逻辑推论，都将包含这个唯一性。所以，任何一个从这个理论演绎推理出的单称判断，都可以检验理论本身。一个事实并不足以证明这个理论是正确的，它却能通过否定这样一个单称判断，而否定这个理论（证伪性）。如果唯一性不是一个理论的出发点，那它的前提即是不确定的，由此推理得到的单称判断也是不确定的。我们无法通过检验一个单称去检验一个理论,任何事实就不具备否定这个理论的能力,这个理论即是不可证伪的。因为符合一个唯一性的存在总是无限的,所以我们不可能检验所有的存在。我们通常会选择与常识或旧理论相冲突的判断来检验它。我们也总能找到这样一个真伪立判的检验手段。

在科学的发展过程中,那些容易被发现错误的理论,很快被放弃了。那些已经受过检验的理论,通常不会被简单否定。我们不断获得的新事实,可以让我们持续检验这个理论的适用范围。当我们观察到不符合这个理论的现象时,通常会对这个理论加以修补,一旦发现修补也无济于事,就会试图以一个更普遍的理论去取代它,而前一个理论将被明确在什么范围内仍是有效的。科学的进步不是凭空产生的,它是以前人的知识和智慧为基础不断发展的。

理性(狭义的)的出发点是存在的唯一性,理性的方法是演绎推理。理性不允许人因时间和地点的不同而得出不同结论,也不允许因人的不同而得出不同结论。理性让每个人看到的是同一存在,即主体是可重演的。换一个自然科学的说法是:所有的观察者是平等的。科学的理论是不允许所谓辩证关系的。辩证放弃了本体的唯一性,也就放弃了主体的重演性。允许不同的人得出不同的结论,方法上是相对主义,实际上必然走向权威主义。

5. 理性的灯塔:《几何原本》

西方的基督教并没有征服全世界,科学却显然征服了全世界。我们说科学是理性的,但逻辑分析和演绎推理并不是理性的全部。印度有因明学[5],中国有墨辩[6],却都没有建立起像西方自然科学这样的理性大厦,差距就在于“理念”。一个存在是超越时空的(在时间和空间中是没有定位的),它才可能对所有的人是相同的。理念所揭示的这种存在的唯一不变性,是理性的出发点。

主体的重演性,决定了所有的观察者是平等的。它不会诉之于任何权威,而只诉之于普通人所拥有的逻辑分析和演绎推理的能力,并求证于实际的观察。

真理总是被少数天才发现,却可以被常人所理解。那些有幸到达真理彼岸的人,搭一座理性的桥到此岸,一个人的飞跃就成为所有人的捷径。当一个天才的悟性,以理性的方式表达出来,才成为一个普通人所能理解和运用的知识。这样一个伟大的范例,就是欧几里得的《几何原本》,其以公理方法建立起演绎的科学体系,永远是人类理性的灯塔。所有的观察者都是平等的,是科学和理性不变的力量所在。

6. 主体的自生性和人的知性

讨论人的知性,我选择从现代语言学中被称为转换—生成语法[7]的学派开始。这个学派的影响,远远超越了语言学,而进入了哲学、心理学等领域,他们中最著名的人物是乔姆斯基。我也没有什么语言学知识,只就日常的语言经验谈谈他们的发现。

我们从婴儿时期开始学习讲话,每个人到现在已不知道说过多少话了。我们有没有想过,每天都在造出自己从未说过和见过的语句,而另一个人要理解他从未听过和见过的语句。比如现在你脑海里闪过这样的话:写这篇文章的人,为什么要思考这些奇怪的问题。在以前从未出现过,而你创造了它。

当然,我们创造语言,并不是没有一定的规则。转换—生成语法学派提出语法结构有深层、表层之别。深层结构通过转换规则,转化为表层结构。这些结构不只在语言中存在,比如,阴阳、八卦、六十四卦可视为相对的深、表层结构。再举一个在社会学应用的例子:家庭可视为深层结构,社会可视为表层结构。想想儒家的"修身、齐家、治国、平天下"[8],远方的异乡人,已越过心灵的海洋,来到我们面前。

转换—生成语法学派的观点是:人具有对有限规则无限应用的能力。转换—生成语法学派,即在试图揭示这些规则和它们的应用。

对于规则来说,语言是受某种约束的;对于应用来说,语言又是相对自由的。语言的这种在约束中保持自由的能力从何而来?语言本身并不能自我生成,而是人在自我生成。

人的这个自我生成的能力就是知性。如果现有的存在(或环境)不能归入已知的存在,你会觉得这个存在是陌生的,当然无所谓即时的认识。如果我们能够把现有的存在,归入某一已知的存在类型,那么现有的自我和对应已知存在的自我,也是同一类。这两个自我,当然是由同样集合的几组对立性说明的。如果它们包含不同的对立性,一个存在即有另一个存在没有的某一本体(性质),这两个存在就不会被视为同一类。如果这两个自我是由相同集合的对立性说明的,它们的差别只能是对立性本身的变化带来的。现有对立性相对于原有对立性的变化,使人从过去的我,自然生成现在的我。现有的存在被视为过去的某个存在的变形,它就成为可认识的。引入几何学的概念,现在的对立性,是过去的某个对立性在当前环境的投影。因为人在对立性之中,就在当前环境中作了自我定位,同时也对存在做了判断。知性使人同时作了选择(某个对立性)和调整(这个对立性的变化),你也可以把选择看成是不同层次之间的调整。

我们判断某一存在是某一本体,不表明这一本体是独立存在的。如果它是独立存在的,那么我们就不能把它的对立面也赋予同一个存在。因为对立即是不相容的。事实上,我们可以在不同环境下,把对立本体赋予同一个存在,比如黑、白,长、短,大、小。本体是共生的,本体对于不同环境是相对的,对于限定环境又是绝对的。简单说来,对立性本身保证自我的约束;对立性的变化保证自我的自由。这是自我生成的方式,也是简易、不易、变易——易之三义的体现。

人面对的环境无时无刻不在变化,现在和过去遇到的从不完全一样。人不必也无法在理性分析以后,才知道如何行为。人如果能将现有的环境,归入已知的环境类别,就能作出即时的自我调整和反应。这也是一切生命必须有的能力。只有这样,才能在千变万化的世界中生存下来。否则,生命根本就不会在这个世界产生。

7. 知性的典范:儒家的伦理

无论是反对儒家的,还是提倡复兴儒家文化的,都承认伦理是儒家的核心思想。争议在于伦理对现代化有益,还是和现代化根本冲突。我们不参与这些争论,只讨论儒家的思维方式。《易经》里说:有天地,然后有万物;有万物,然后有男女;有男女,然后有夫妇;有夫妇,然后有父子;有父子,然后有君臣;有君臣,然后有上下;有上下,然后礼仪有所错[9]。在早期的儒家看来,夫妻关系是五伦五常[10]之首,父子关系又先于君臣关系(家先于国)。以此而言,伦理的立足点是:社会结构是家庭结构的演化形式,它们是相似的。如果社会结构和家庭结构没有这种对应性,社会秩序即和家庭秩序无关,社会道德即和个人情感无关,伦理就失去了依据。所谓"孝子忠臣","修身、齐家、治国、平天下"都不成立。

儒家的这个思维方式就是知性。社会如何变化,并不能改变人的这个思维方式。因此,家庭之于社会、情感之于道德是自然的过程。过去存在,现在存在,将来也存在;中国人存在,外国人也存在,和儒家的兴衰是无关的。西方人说地狱里尽是些不知道感激的人,就是一个情感判断。它比任何道德判断都更透彻。任何社会都需要肯定家庭这个基本单位,以保证自身的稳定。一个道德标准,总是隐含社会对某种情感的肯定。比如禁止虐待动物:以人的情感看所有的生命,它们都知道痛苦。

儒家最早认识到家庭和社会、情感和道德之间的关系,并依此建立中国人的道德伦理,现在依然是人类知性的最好典范。

注释:

①大卫·休谟(1711—1776),英国哲学家、经济学家和历史学家,他被视为苏格兰启蒙运动以及西方哲学历史中最重要的人物之一。休谟的哲学是近代欧洲哲学史上第一个不可知论的哲学体系,

在哲学的发展中起过很重要的作用。休谟的怀疑论为19世纪英国非宗教的哲学思想提供了理论基础。休谟的不可知论观点为实证主义者、马赫主义者和新实证主义者所继承,对现代西方哲学产生了广泛的影响。

②卡尔·波普尔(1902—1994),英国科学哲学家、社会哲学家,批判理性主义的创始人,证伪主义的提出者,是当代西方最具影响的哲学家之一。主要著作有《科学发现的逻辑》和《开放社会及其敌人》。

③达摩,全称菩提达摩,意译为觉法。自称佛传禅宗第28祖,为中国禅宗的始祖,故中国的禅宗又称达摩宗。达摩被尊称为"东土第一代祖师""达摩祖师",与宝志禅师、傅大士合称梁代三大士,于中国南朝梁武帝时期航海到广州。梁武帝信佛。达摩至南朝都城建业会梁武帝,面谈不契,遂一苇渡江,北上北魏都城洛阳,后卓锡嵩山少林寺,面壁九年,传衣钵于慧可。后出禹门游化终身。

④从认识论来看,印度应该也是先有实际的位,比如十、百,然后才发现可以用"0"和"1"到"9"表示一切数目。"0"应该是最后发明的,或者被用来表示空位。这段论述缺少历史资料的支持,只是思维方式的论证。

⑤古印度逻辑学、佛教、耆那教与印度教都受到它的影响,是起源、发展于印度正理派的一种思维和推理方法。立宗、因、喻三支作法而为言论之法。例如:"声无常(宗),为所作性故(因),如瓶等(喻)。"此三支中,以因支最重要,故云因明。

⑥中国古代主要哲学派别之一,约产生于战国时期。该派创始人为墨子(墨翟),故名墨家学派。墨家学派有前后期之分,前期思想主要涉及社会政治、伦理及认识论问题,后期墨家在逻辑学方面有重要贡献。

⑦由美国语言学家乔姆斯基提出的描述文法的一个术语。他1957年所写的《文法结构》的出版,是转换—生成语法诞生的标志。简单地说,转换—生成语法理论研究的,是人类为什么会说话以及如

何了解新的句子。

⑧《礼记·大学》:“古之欲明明德于天下者,先治其国;欲治其国者,先齐其家;欲齐其家者,先修其身;欲修其身者,先正其心;欲正其心者,先诚其意;欲诚其意者,先致其知,致知在格物。物格而后知至,知至而后意诚,意诚而后心正,心正而后身修,身修而后家齐,家齐而后国治,国治而后天下平。”

⑨《易经·序卦传》传为孔子作。

⑩五伦:君臣、父子、夫妇、兄弟、朋友。君臣有义,父子有亲,夫妇有别,长幼有序,朋友有信。

五常:父义、母慈、兄友、弟恭、子孝。

第四章　三大文明差异的形成原因及各自的特征、取向与交融

1. 三大文明差异形成的原因

综上分析,三大文明是存在着差异的,那么是什么导致了这些差异?如果我们用生存环境,或者生产方式等外部因素去解释,这种方法仍然是以差异解释差异,只是把一种特殊性换成另一种特殊性。这样的解释无法说明,不同文明的发现,哪些是有普世意义的,哪些传统对今天仍有意义;无法说明,思维方式的种类及它们之间的关系;也无法说明,信仰和文化是如何传播的,不同文明间是如何交流学习的,文化圈是如何形成的。

其实,三大文明的差异,主要是思维方式的差异。如果我们相信人类心灵原本是相同的,并要找一个内在而又不是先天的原因,解释不同文明心灵的差异,那它只可能是思维的载体:语言和文字。其他的差异只能说明民族性格,不能说明心灵差异。同一文化圈中的不同民族,无论环境和性格有多大差异,它们之间的相同之处也要比不同文化圈的人多。

因为印度文明对中国文化的影响处处可见,这给我们分析文字的差别带来了极大方便。不需要多少印度文化的知识,也不需要语言学的专门知识。拼音文字与汉字的差别显而易见。我们先讨论印度文字和西方文字的差别。印度文字也是拼音文字,但它有自己特

别的拼音方式，就是我们学来的反切发音。因返回而有一个停留态，它就不像其他拼音文字发音是单向的。你可以很容易发现汉语拼音和英文在发音上的差别。比如“广”这个字，汉语拼音是 guǎng，发音时是反切发出的。你先发“歌”的音，再发“汪”的音，又退回发出一个合音“广”。发“广”这个音需要“歌”的音和“汪”的音同时存在（缘起），而“广”这个音不是“歌”的音，也不是“汪”的音（空性）。相对于拼音文字的抽象性和发音上的时间性，汉字是空间的、直观的，是存在的排列组合。比如汉字的会意特征，这个“意”，是由不同存在的组合和空间位置决定的。日、月可以是“明”，也可以是“易”。在《易经》里，八卦是阴、阳的不同排列组合，六十四卦又是八卦的排列组合。转化发生在不同卦之间，我们却没有说明这些转化在时间上确定的因果关系。空间的方位是有限的，空间上无论如何变化，最后总是会回到原位，这形成了传统的循环论。西方拼音文字发音是单向的，而因果性正依赖于时间的单向性。汉字提供了空间上的对称和依存性；印度文字提供了时间上过去和未来的对称和依存性。从这一点可以看出为什么这两大文明都有很强的主体性。印度文字为何如此拼音？这些文字的差别如何影响人类的大脑？这需要专业人士来回答。但我们可以相信，文字的差别形成了思维方式的差别，并反映在文化的方方面面，构成了各自丰富多彩的文明。梁漱溟[①]说：西方文化是以意欲向前要求为其根本精神，中国文化是以意欲调和持中要求为其根本精神，印度文化是以意欲反身向后要求为其根本精神[②]。这些意欲的不同，和文字发音方式的不同，是完全一致的。

人类文明的第一次大繁荣（轴心时代），源于文字成熟所培育的心灵成熟。在这个时期，不同的文明都产生了大批思想家。这些智慧的火炬，照耀了人类几千年。文明的传播，也是某种思维方式的传播，而且这种思维方式，原本就在人类心灵之中存在，所以人可以理解其他文明的独特发现，文明的传播和交融也才成为可能。而有些古文明却没有在人类思想史上留下痕迹，关键是它们没有发现某种独特的心灵模式，从而无法建立属于自己的哲学体系。它们可能给其他文明带来先进的技术，却不能带来思想的冲击。

2. 文明的特征和取向

从二元对立论而言，希腊哲学是本体哲学，强调非此即彼。中国和印度哲学都是主体哲学。印度追求非此非彼；中国则是本体上彼此不离，主体是不离彼此。最初人类只有这三大哲学体系的原因，就是二元对立只有这三种基本解释。对应的，人的智性只有悟性、理性、知性这三种基本的思维模式。这同时是二元对立论本身逻辑自洽性的要求，否则我就不能在前面只选择这三大古文明作为理论的基础。三大哲学体系所揭示的心灵特征，可称为人类心灵的三原色，也是轴心时代的基调。这些特征，不仅构成这些文明的基础，当文明交融时，还决定这些文明的取向。具体而言，中、印文明交融的结果和印、中文明交融的结果会是不同的。

上面所说的，是这些文明最基本的特征和思维方式。相对于其他文明所发现的思维方式，它们必然发展出某种不成功的替代办法。比如西方用归纳法解释存在普遍性的获得；中国用五行相生相克解释因果关系。一个文明所包含的，必然远远超过这些特定的思维方式。在两千多年前，这些文明突然成熟时，存在着各种学说。中国有诸子百家[3]，佛陀时期有六师外道[4]，古希腊也有众多不同的思想。那些非主流的思想，也是不同文明对自身及外在世界的探索。它们可能长期被忽视，却不曾真正死亡。我们可以在这些思想中发现和其他文明类似的表述。在不同文明交融的过程中，任何文明中一种新思潮的兴起，总像是某种古代思想的复活。这正是我们试图表明的：文明的差异只是对人类心灵结构解读的不同。文明有差别，人性并没有差别。每一种文明都有它自然带来的合理与不合理，但只要是合理的，不管它们是被哪一种文明所首先发现，都能被人性所理解，都是人类共同的财富。博采众长才是进步之道。我们通过对不同文明和文化的了解，去认识人类心灵，也认识自身心灵的独特性；在肯定人类普世价值的同时，肯定自身文化的价值取向。

3. 文明的交融

就哲学而言，狭义的文明交融可能只发生过三次：佛教传入中国[5]、伊斯兰文明的繁荣期[6]、西方面对整个世界。没有不同文明的冲击，就不会产生心灵的震荡，也就没有真正的新思想。在文明交融前，思想其实是停滞不前的，看不到文明交融时那种持续不断的思想潮流。一种新思想的兴起，说明一个时期心灵的疑问。这种思想的成熟回答了疑问，又使人提出新的问题，这是一个不间断的探索过程。

不可否认，中国文化现在是弱势文化，并且没有产生一个包容自己和西方文化的新思想，作为现代中国人的心灵依据，关键还是对自己文化的信心不足。不管是反西方的民族主义者，还是亲西方的自由派，他们的思想和理论都来自西方。无论他们用多新潮的理论去分析中国的文化和历史，其结果只能是曲解和破坏了自己的文化。难道这样一个影响了许多民族的古老文明的文化和历史，仅仅是分析的对象？中国文化的地位何在？中国文化所揭示的心灵模式，也是人类心灵的一部分。对其贡献和价值的肯定，依赖于一种普遍性的理论，而不是某个时期流行的西方理论。我们要以人类心灵为前提，发现自己的文化取向，从而重建自己的精神家园。

人和人之间没有不可逾越的鸿沟，文明与文明之间也没有不可逾越的鸿沟。如果中国文化不是来自人类心灵，那为什么有这么多民族接受了汉文化，并形成了中国文化圈？我们对自己传统文化的信心何在？如果它只揭示了人类心灵的一部分，那么我们就无法单独依靠它去认识整个“大象”。我们是人，符合人类心灵的，我们都能理解、接受。众流同源，百川归海，从人类心灵而来，也必向它而去。文明的交融，既是对别人更多的了解，也是对自己更多的了解。

它将使我们重新定义人的心灵，也重新定义自己的文明。

4. 禅宗哲学：中印文明的交融

佛教西来，绵延千年。佛教中国化的结果，就是有了禅宗[7]。过程漫长曲折，结论却很简单。禅宗哲学就是中印文明结合，从而形成的新的主体哲学。核心是非此非彼，不离彼此。以二元对立论而言，就是主体的状态。这个结论也是以二元对立论分析这两大文明特征的必然结果，可以视为对二元对立论的一个检验。

一个能明白显示这个核心的禅宗表述是"非大非小，不离大小"[8]。具体来说，非大非小是中道之空，常见于佛经；不离大小是《易经》之道，是我们的文明本性。以文明取向而言，先非此非彼，后不离彼此。如果是印度文明融合中国文明，结果正好相反。从思维方式而言，从悟性回到知性。出于自然，超脱自然，复归自然。印度文明的终极追求，在禅宗里是生命过程中的超级体验。悟性只是人认识过程中的一环。天人合一在禅宗里表述为世界与我的关系，并没有改变。世界与我依然不分，世界与我却和过去完全不同。回到现实是我们的文明本性所决定的。禅宗的三个境界的最后一个境界"万古长空，一朝风月"[9]，云门三偈的最后一偈"随波逐流"[10]，都是这个含义。

禅宗哲学如此，中国禅的意义，就在于脱胎换骨的自我超越和现实生命中这种超越无处不在的体现。青青翠竹皆是法身，郁郁黄花无非般若[11]。这种自我超越，让人在有限中发现了无限，远离了现实世界，是每个人都有过的心灵体验。每个人都是不同的，自我超越的方式也是不同的。只能启发，不能传递。所谓"鸳鸯绣出凭君看，莫把金针度与人"[12]。这个自我的变化，在时间中展开，就像惟信禅师所说："老僧三十年前未参禅时，见山是山，见水是水。及至后来，亲见知识，有个入处，见山不是山，见水不是水(离相)。而今得个休歇处，依前见山只是山，见水只是水。"

佛教中国化的过程，影响深远，成就非凡，是中国文化的第二次繁荣。曹溪佛唱[13]前的中国，也像现代的西方一样，思潮迭起，天才辈出。禅宗是主体哲学的最高成就，也是中国智慧的最高结晶[14]，是我们永恒的心灵财富。

5. 西方近现代思潮

必须承认，现代世界是西方的世界。其他文明无论是经济上，还是文化上都全面落后于西方。当西方面对世界后，西方人和西方文化的改变比我们更大。他们对其他文化的了解，要比这些文化对自身的了解还多。原因是他们视野宽广，充满自信。

其他文化面对西方文化的强大冲击，融会贯通者极少。有人用唯物、唯心解释老子、孔子，但有谁用儒家、道家分析亚里士多德？大家使用的都不过是西方某一派的观点。无论东方文化还是西方文化，面对人类心灵这个大象，其实都是盲人。我们要想对人类心灵认识更多，就必须清楚大家都是对的。当我们肯定自己的文化先哲也是对的时，就不会歪曲自己的文化和历史。

我们不得不向西方学习，因为它们全面领先。而理解一种新思想，最重要的是理解它所定义的人。对于西方近现代的学术思潮，从思维的角度看，我们要注意两点：一是它们对理性的不断检讨；另一点是在非理性上的进展。由于理解悟性对它们比较困难，我们可以特别留意它们在知性上的进展。西方文明受印度思想的影响要比受中国思想的影响大得多，许多近现代西方思想和印度思想有渊源关系。但西方人是天生的实在论者，印度人是天生的非实在论者，即使思想接近，关注的却正好相反。近现代西方思潮的许多结论和中国思想接近，这些思潮的背景却是实在论化的印度思想。从文明交融的角度看，我们注意哪些概念是它们原来文明中没有的。在这些概念中看到我们自己的文化特征，就会明白别人的胸襟和我们这个民族的自我丧失。唯物、唯心不过是西方对物质本体和精神本体选择的差别,这种本体标准不能用来定义东方的主体文化。因为单一本体无法支持主体的存在,无论哪一种本体论,都必须附加一个自我存在的证明,这在东方文化中是看不到的。西方近代的人本主义倾向就是它们对主体(自我)的寻找和肯定。这种倾向必然会表现出某种非理性,或者说表现出对理性的某种否定,但这是文明交融过程中的自我完善——发现自己缺失的部分。它既不能证明西方文明的没落,也不能证明东方文明的超前性,它只是证明西方在超越自身传统,不断进步。如果我们跟着西方现代、后现代哲学凑热闹,那就是不明白西方为什么这么做,也不明白自己该做什么。普遍性是西方文明的自然要求。对于我们所说的西方哲学,他们并不认为这些思想只是西方的。无论是结构主义者发现的社会或语言的二元对立的基本结构,还是语言转换—生成学派发现的语法规则,都是超越民族和文化,属于全人类的。

文明交融的过程,总是充满误解和曲折。我们有许多西方思想的邯郸学步者,西方也有许多东方思想的邯郸学步者。许多西方哲学和心理学的理论,只是某个范围内的阴阳论,不从存在的唯一性出发,因而是非理性的,受到了波普尔的批判[15]。存在主义[16]、结构主义、语言的转换—生成,西方人在悟性和知性上不断进展。这些思潮,都是西方在人类心灵探索道路上所留下的脚印。席卷各门学科的人本主义倾向让我们看见,希腊文明的传人正沿着这条路向我们走来。

6. 中国现代哲学和世界哲学:第二次的文明交融和第三代哲学[17]

中国传统思想,是否可以称为哲学,并不决定它的地位。决定中国传统思想地位的,是它在世界性体系中的位置。如果这个体系叫思想,那么其中的理性部分,可以称为哲学或西方哲学——因为理性的认识源于西方,其中的知性部分,可叫中国思想;如果这个体系叫哲学，那么其中的理性部分可以称为西方哲学，其中的知性部分可叫中国哲学——因为知性的认识源于中国。虽然我已使用“中国哲学”这个名称，但我认为名称本身并不重要。虽然中华文明被承认是人类轴心时代的一轴，中国思想界却一直无力证明，中国传统思想构成人类思想轴心的一轴。这样一个轴心，必然是有限的几个轴。每个轴都是不同的，并且都须满足普遍的人性，否则它们就无法辐射全人类，不能被称为轴心。所以，肯定中国哲学的特征和它人性上的普遍意义，才是光大传统的不二法门。如果我们创造出这个体系，它一定会被西方承认是哲学。首先，西方哲学被包含在这个体系里；其次，虽然西方哲学传统上是逻辑中心主义，但它不可能永远是、全部是逻辑中心主义。它不可能只活在自己的传统里，也不可能否定自己的现代和后现代哲学。

中国思想界的现实是，既无法用传统解决现代问题，也无法用西方理论解决传统问题。当今中国的思想界所走的路，要么能够肯定西方，却不能肯定传统；要么能够肯定传统，却不能肯定西方。新的思想必须同时包含传统和西方，不包含我们的传统，它就不是中国的；不包含西方的智慧，它就不是现代的。如果这种新思想集合了人类文明的所有智慧，那么它既是中国现代哲学，也同时是世界哲学。经济交流的全球化，必然也有思想交流的全球化。在世界性文明交融的背景下，任何民族的任何人，都可以创造出这个世界哲学。我们不首先创造出这个新哲学，就不存在中国现代哲学，也不存在中国哲学家对于传统哲学地位的证明。对于中国思想者，这是轴心时代以来千年一次的机会。上一次的机会是佛教传入中国。

7. 思维方式的组合与三大文明在文明交融中的必然选择

文明的交融，必然会表现出不同思维方式之间的相互冲突和最终协调。我们已知道三大文明的思维特征，就能从不同思维方式的组合,分析三大文明在文明交融中的必然选择。已发生的文明交融所得到的结果,不会在这些逻辑允许的可能性之外,而是这些可能性实际的样板。这些组合本身是人类基本思维方式之间的相互合作,不仅存在于人类日常思维中,也是三大哲学体系在文明交融过程中一定会探讨的。下面分析不同思维的各种组合。

在三种思维方式中,任取两种不同思维的组合就有六种可能性。从心灵需求而言,自身哲学的特征,决定不同文明的取向。我们把它们按文明取向分为以下三组。

第一组西方文明:从知性到理性,从悟性到理性。

第二组印度文明:从理性到悟性,从知性到悟性。

第三组中国文明:从悟性到知性,从理性到知性。

对于三种思维的组合,相邻思维不同的,共有十二种可能性。对于三大文明而言,自身的思维特征既是文化传统,也是心灵归宿,即起始思维和结束思维相同,这样也是六种。同样按文明取向分为以下三组。

第一组西方文明:理性,知性,理性。理性,悟性,理性。

第二组印度文明:悟性,理性,悟性。悟性,知性,悟性。

第三组中国文明:知性,悟性,知性。知性,理性,知性。

禅宗是中印文明的交融,必然是悟性和知性的组合。禅宗的思想家已解决了从悟性到知性和知性、悟性、知性的过程。对于我们而言,融合西方文明就是加上理性的组合。单纯的理性和知性的组合,是从理性到知性和知性、理性、知性的过程。在融合印度文明的基础上,是从悟性到理性再到知性和知性、悟性、理性、知性的过程。可对比的是印度当代的新吠檀多主义哲学[18],无论何种流派,无论如何强调经验和理性的重要性,都以印度传统的直觉证悟的思维方式为最终目的。西方的现代、后现代哲学虽然大讲非理性,但终究还是回归理性所要求的某种普遍性。在一个正常心态下的文明交融中,我们还要认识到不同认识领域,对某一特定思维方式的要求,即使传统思维发扬到极致,也要明白传统思维有无能为力的地方。比如理性之于自然科学，悟性之于自我超越，都是不可取代的。

注释：

①梁漱溟（1893—1988），原名焕鼎，字寿铭、萧名、漱溟，后以其字行世，广西桂林人，出生于北京。现代新儒家的早期代表人物之一，有“中国最后一位儒家”之称。主要著作有《中国文化要义》《东西文化及其哲学》《乡村建设理论》《印度哲学概论》《唯识述义》等。

②见梁漱溟《人的三种活法》。

③诸子百家是后世对中国先秦学术思想人物和派别的总称。据《汉书·艺文志》的记载，数得上名字的一共有189家，4324篇著作。但是，归纳起来只有10家被发展成学派。诸子指孔子、老子、庄子、墨子、孟子、荀子等人物；百家指儒家、道家、墨家、名家、法家等学术流派。

④佛陀时代印度佛教以外之其他学派的6位代表人物。公元前500年左右，以恒河流域为中心建设大都市的乔萨罗、摩揭陀、阿盘提等诸大国的国民，由于工商业发达而享受富裕的生活，加上有思想上的自由，因此自由思想家辈出，竞发议论，提倡否定吠陀权威的新兴宗教。原始佛教圣典将这些学说整理归纳为62见，并更进一步将其中最有影响力学派的代表人物统称为六师外道。

⑤这里指中国文明和印度文明的交融。

⑥我认为发生了西方文明和印度文明的交融，且以西方文明为主。

⑦禅宗：又称宗门，汉传佛教宗派之一，始于菩提达摩，盛于六祖惠能，中晚唐之后成为汉传佛教的主流，也是汉传佛教最主要的象征之一。汉传佛教宗派多来自于印度，但唯独天台宗、华严宗与禅宗，是由中国独立发展出的三个本土佛教宗派，其中又以禅宗最具独特的性格。其核心思想为：“不立文字，教外别传；直指人心，见性成佛。”以《楞伽经》《金刚经》《大乘起信论》为主要教义根据。

⑧百丈清规。

⑨禅宗的三个境界:一是落叶满空山,无处寻行迹。二是空山无人,水流花开。三是万古长空,一朝风月。

⑩云门三偈:一是涵盖乾坤,二是截断众流,三是随波逐流。

⑪《景德传灯录·慧海禅师》:迷人不知法身无象,应物现形,遂唤青青翠竹总是法身,郁郁黄花无非般若。

⑫金元好问《论诗》诗。

⑬指六祖惠能在曹溪宝林寺(今广东韶关南华寺)弘扬禅宗。

⑭日本学者铃木大拙语,他被称为20世纪的禅者。

⑮指波普尔的证伪主义。

⑯存在主义是现代西方哲学主要流派之一。最先提出存在主义的是弗里德里希·威廉·尼采、索伦·克尔恺郭尔、叔本华、雅斯贝斯、马丁·海德格尔。作为一种思想流派,存在主义形成于20世纪20年代的德国,第二次世界大战期间传到法国并成为影响最大的哲学流派之一。存在主义的代表人物有让·保罗·萨特、梅洛·庞蒂、加缪等。

⑰中国第一代哲学是在轴心时代产生的传统哲学,代表人物是老子、孔子。中国第二代哲学是中印文明交融后产生的禅宗,代表人物是六祖慧能。中国第三代哲学是中、西文明交融的结果。

⑱新吠檀多主义哲学,是印度学者结合传统吠檀多哲学和西方哲学发展起来的印度近现代哲学。它和中国近现代哲学的发展方式差不多,但传统意识要强得多。

第五章　知性及相关讨论

1.知性:现代化和传统

在人的三种智性中,我选择首先讨论知性。因为我认为知性既是我们传统上主要使用的思维方式,又对我们理解什么是现代化很重要。

在这个科学昌盛和理性盛行的时代,我们更需要时刻警惕理性的局限性。理性不是人思维方式的全部,也不是人类一般的认识活动中从始到终唯一使用的方式。近现代的许多西方思潮,比如实用主义、心理学、存在主义等,就是要回答理性所不能解决的问题。所有那些理性受到限制的领域,我们可以用知性或悟性去解释,而不是用非理性或反理性的这些只是和理性对立,却并没有自己确定意义的概念去解释。非理性这个概念的用法本身,就表示西方文明无法区分理性以外的思维方式。我们不必跟在西方人后面说"有限理性"[①],而是要说明,人在理性以外到底还有什么。西方无法解释清楚的,我们完全可以解释清楚。只有提出源于自身传统,又有别于理性的思维方式,我们才能摆脱西方思想的束缚,而开启中国现代哲学的进程。

纵观西方的思想史,伴随着理性主义传统的,还有一股强大的非理性和反理性的思想潮流,它弥补了西方单从理性认识人性的不足。一个伟大的范例,就是英国非理性主义(经验主义)的传统对自由主义的贡献。它包含在亚当·斯密、约翰·洛克、大卫·休谟[2]等经济学家和哲学家的思想中。而英国的现代政治和经济制度，则成为所有试图走向现代化的国家的样板。所谓现代化，就是对英国制度的模仿：市场经济和代议制民主。虽然这两点不是自由主义的全部意义，也不是民主制度的全部内容，但它们是一个国家现代化不可更改的标志。需要注意，英国经验主义的成功，不仅仅是因为它的非理性，否则我们就不能解释，现代民主制度为什么没有在非理性的文明中首先产生。我们需要考虑整个西方文明在知识论上所具有的自然背景：理念所揭示的普遍性和社会性。经验主义的伟大先驱相信知识来源于经验，而在社会理论上获得了巨大成功。哈耶克[3]的一句话最能反映出这种普遍性和经验论的双重特征：社会一般原则的广泛接受性。

民主制度如果和科学一样立足于理性，那么民主理论就应该是一组数学公式，实际的情况并不是这样。所以我们要回过头来，正视自己的文化和思维特征，中国文化原本就不是以理性为特征的。出于我们的传统，也出于共同的人性基础，我们不仅可以证明自由主义的价值，也可以证明我们传统文化的永恒价值。传统价值并不是那些存在于“四书五经”中的概念，而是产生这些概念的思维方式。那些概念随时代的变化，可能被放弃或丧失原来的意义，而知性的思维方式却不随时代变迁而变化。它是属于中国的，也是属于人类的；它是存在于传统的，也是存在于现代的。它立足于人类心灵，永不褪色。

以自由、平等解释仁义道德，和过去用唯物、唯心解释儒家、道家一样，都是没有文化自觉意识的自卑心理在起作用。以其他文明的思维方式，如何能对传统文化“去其糟粕，取其精华”？标准用错了，破坏就远远多于建设。认为中国文化更有道德，终将超越西方文化的说法，显示是无知和狂妄的。这种杨门女将式的胜利，掩盖的是一个民族不敢面对现实，不敢面对失败的内心。承认落后，承认其他文明有许多我们传统文化没有的长处，才能虚心学习别人，才能走向现代化。

对于许多人来说,下面的分析不提供任何新的知识,而只是在讨论一些常识。但我相信,正是这些人,理解这些讨论的意义。由于自由主义涉及面极广,我选择一些我认为基本的问题,包括集体意识、价值论、自发的规则、道德与制度。因此从第二节到第十四节,我围绕人的心理、认知行为、社会性来讨论知性,这也是我在思想上衔接传统和现代所做的努力。

从第十五节开始,我则讨论一些和传统文化有关的议题。西方近现代每一次新思潮的兴起,都有对自身传统文化的新解释。而中国传统文化对于我们,似乎不是穿古装的僵尸,就是穿西装的木偶。传统文化本是我们的人性在过去的反映,在人性永恒的基础上认识传统,传统文化才会历久弥新。我们的祖先都知道"察己则可以知人,察今则可以知古。古今一也,人与我同耳"[④]。对传统的新解释既可以丰富我们对人性的认识,也可以让我们理解为什么我们是这样一位中国人。

2. 知性的心理意义:自我的存在感

人是如何认识到自我存在的?主体的状态是非此非彼,现在的自我就是一个虚无状态。主体是"不是什么的存在",所以人无法获得现在的我是什么。这是所有寻找自我的努力都失败的原因。但对于人来说,过去是不可能再变的。人不能看到现在的自我,但能看到过去的自我。当人能够肯定过去自我的存在,并且认识到现在的自我和过去是不同的,人的存在感就获得了。所以,人的存在感必须通过自我的不断变化获得。这就是:我变知我在。

我把主体的生成,称为人的自我获得。人不想陷入虚无,就要不断发现自我的变化,寻求自我获得。所以,人的自我必须始终处于一个主动或被动不断变化的过程之中。人的三种智性:理性、悟性、知性,都能得到主体的生成,都是人自我获得的方式。理性产生一个不变的自我,不具备多次变化的可能。悟性使人得到一个完全不同的自我,这时的自我获得是最强的存在感。但是悟性很少发生,所以知性是自我获得的主要方式。关于这一点,下面做两个特别的讨论。

3.知性下自我获得的失败:虚无感和孤立感

知性是从过去的我,生成现在的我。前、后的自我,是由同样集合的几组对立性说明的。因为这个集合本身不变,自我能否生成即由对立性能否变化决定。如果人不主动寻求自我的改变,对立性的变化就取决于环境的变化,因此有两种情况会导致知性的自我获得的失败。如果环境相对于人没有变化,对立性也不可能有任何变化,新的自我不能由旧的自我生成。如果环境的变化,超出了说明过去自我的对立性的变化范围,原有的对立性不足于说明新环境,新的自我也不能由旧的自我生成。这两种自我获得失败的心理意义是不同的。

当人不能感受到环境的变化,人产生的是虚无感。人对黑暗、高空的恐惧,就是这种感觉。一条平坦、笔直的高速公路会让驾驶者陷入虚无,容易丧失反应能力而出现事故,所以,高速公路的直线长度是有限制的。人会自然地制造变化,去摆脱这种虚无的感觉。体现人这种寻求变化的心理的一个例子,是流行时尚。因为变化总有范围限制,比如女士裙子的长度,所以流行时尚就会周而复始。我们可以用它观察人开放和保守心理的变化。我们也观察到,追求成功的过程比成功本身更有意义。在追求成功的过程中,由于你的不断努力,环境和你都在变化。这些自我获得的累积,构成值得你回味的记忆。成功会带来瞬间的狂喜,却不能带来持续的自我获得。因为成功意味着变化的结束,人反而容易陷入成功后的虚无。从心理上讲,单独的囚禁和将动物关在笼子里都是虐待。而一个没有言论自由的社会,就会对流言有近乎疯狂的追逐。

环境的剧烈变化,人产生的是无所适从的孤立感。一个高速发展的社会让许多人觉得茫然若失,就像崔健所唱"不是我不明白,这世界变化快”。一个急速转型的社会如果不能让多数人看到希望，就会产生大量自觉被社会排斥的人。即使社会本身实际上在进步，也会导致极大的不稳定。人在刚进入一个陌生社会时，也会有孤立感，需要通过对环境的逐渐熟悉而获得安定。这时，寻找和自己有某种共性的人，就成为人的心理需要，比如老乡。动物在这方面和人是没有差别的。一个动物刚进入一个陌生环境，也表现出不安的情绪，需要通过对环境的逐渐熟悉而安定下来。从历史上看，那些主动改变自己以适应时代变化的民族获得了成功。那些试图固守传统的民族因为在竞争中落败，也会被迫跟着改变，只是过程更曲折、更痛苦，长期伴随着孤立和受挫的心理。

4. 自我存在感的获得与社会性：个人意识和集体意识

我们考虑处于社会环境中的人的自我获得。人的心理可以有两个变化趋向：趋向一个群体，或趋向个人。如果一个人已处于个人的心理状态，趋向个人的自我获得就不能再发生，而必然转向群体认同的自我获得。这个群体认同是由环境决定的，环境的变化是不可预知的，这个群体认同也是不可预知的，环境是不确定的，这个群体也是不确定的。这时，人的自我获得是对有共性的一群人的认同，这就产生一定的集体意识，这种认同又会和另一群人区别开来。从内容讲，认同可以是情感或利益；从范围说，集体可以是人类、国家、民族或者更小单位等。集体可以是道德的，也可以是不道德的，一个犯罪集团也是集体。当一个人认同这个集体时，他的行为就会是集体主义的，因此，我们不能认定集体主义必然是道德的，比如集体犯罪行为。对集体的认同取决于外部环境，环境一变，这种基于环境的认同就会消失。同一群人在不同环境中会归为不同类别的集体。举个例子，大家在外地求学，有老乡这个集体；回到原地，就成了校友。个人的情感都能外化为民族、国家情感，所以爱国主义、民族主义在情感上对每个人是自然存在的，战争有时使爱国主义情绪高涨。政客最喜欢强调外部的敌意和威胁，其目的就是制造一个虚拟环境来获得支持。一个侨居海外的人会比国内的人表现出更强的对自己国家和文化的心理认同，因为环境使他时刻意识到这是一个不同于自己的国家和文化。

如果一个人已处于群体认同的自我获得，环境不使他保持对原有群体的认同，或去认同一个更大的群体，人只能转向更小的群体或个人的自我获得。这时人的自我获得，就是试图把自己和原有的群体或其他人区别出来。寻找这种区别，又是因为过去存在着对某个群体或他人的认同，人这时就表现出个人主义的倾向。在艺术上，这是必要的，不能表现出个人风格的艺术家，是无法获得成功的。常说的年轻人的叛逆心理，就是他们试图表现出某种不同，只是这时他们寻求的表现方式比较外在和对抗，这是人在成长过程中，自我人格形成带来的阵痛。深刻意识到自己的某种与众不同，是非同寻常的心灵安慰，它使人可以维持长久的内心的宁静，而不用追逐世俗的认可。

比较特别的是音乐、读书等审美和求知行为。它不是直接的群体认同，比如和朋友们交往。但它是在和古今中外聪明绝顶之人做交流——心灵认同，并使一个人和他周围的人间接地区分出来——心灵区分。这些行为似乎能同时满足个体和群体的心理趋势，使人获得无与伦比的内心喜悦。

从心理意义上说，个人意识和集体意识不过是自我获得的不同方面，都是人自我存在的方式和心理需要。集体主义理论的逻辑基础是存在理念化的集体意识，然后才能存在所谓的集体主义道德。但从我们传统的思维看，自我从来都是集体意识的出发点，集体意识只是自我变化中的一个不确定状态。人只有能回到自我，才能外化为不同的集体。这是儒家整个思想体系的基础，否则儒家就无法从“孝”推出“忠”，从“家齐”推出“国治”。因为集体意识对于每个人自然存在，集体主义有时就成了最具欺骗性的道德理论。同时，因为它和儒家思想背道而驰，有时对中国传统道德的破坏也最大，所以才会出现组织上动员离婚、子女和父母划清阶级界限这些破坏家庭关系，完全违背传统伦理的事情发生。

5. 知性与可重复、连续变化的自我

人如何自我获得，也就如何判断和行为。大部分时候，环境的变化不可预知，不可能获得所有的信息，人也就无法按理性判断行为。但人必须知道如何行为，也确实知道如何行为。无论你经过多少次训练，你的对手打过来的球，都是你过去不曾遇到的，但你知道如何凭借经验，将它回击过去。大部分的时候，人是按知性判断行为的。这里我要讨论的是人的行为如何改变了人本身。

知性使人可以从过去的我，生成现在的我；从现在的我，生成未来的我。当人在过去依据某个判断而行为，这个行为的结果变成已知时，这个结果就成了人现在判断的基础。过去某个行为的结果，成了现在的自我或环境的一部分，它就成为人现在某个行为的原因。这样，人过去行为的结果，成为人现在行为的原因；现在行为的结果，又会成为未来行为的原因，这就形成了连续的因果关系。知性是这种连续性的原因，也是这种关系的保证。割裂这种连续性去获得某种因果关系，是没有意义的。

自我在这个过程中是变化的。但这个变化是在原有对立性允许的范围内，并不改变说明自我的对立性。这就和理性、悟性有着根本的差别。理性不允许人的自我有变化，因此它不提供这种自我随时空变化的因果关系。悟性是产生一个完全不同的自我，它使人摆脱了原有的对立性。这时，人不再能够回到原来状态。而知性的自我变化如果停止，人将可以回到原来状态。知性提供了可重复发生的自我变化。

讨论一个具体的情况。行为的原因，是人的某种需求；行为的结果，是获得满足这种需求的物品。自我获得在于自我的相对变化。

前后自我的相对变化，将随着人已有这种物品的数量而减少。因此，自我获得将随着人的同类行为的增多而越来越难。当人不再能自我获得，我们就认为人不再有这种需求。这里，自我的相对变化的减少有两种情况。一种情况是这种减少可以通过增加物品的数量而改变，另一种情况是人的需求受到自然的限制，只可能减少。区分这两种情况的原因是：边际效用理论一般只用于分析后一种情况。

6. 边际效用理论

西方的价值论，直到边际效用理论诞生，才从本体价值论演变成主体价值论。边际效用理论的核心，是效用递减定律。它是微观经济学的基石。就一般的定义而言，边际效用是指增加一个单位的消费品，带来的消费者的效用的增加量。我将效用递减定律简单叙述如下：一物对任何人的边际效用，随着他已有此物数量的增加而减少。我不对这个定律所含的经济学意义作讨论，而只想讨论它的心理意义。我以人的经验为例作说明。比如你想吃苹果，你愿意花五元钱买第一个苹果，这说明你对这个苹果作了值五元钱的主观评价，或者说，这个苹果能给你带来五元钱的效用。当你吃下这个苹果，你对苹果的需求就没有那么强了，你只愿意花三元钱买第二个苹果，第二个苹果只带来三元钱的效用，这就是第二个苹果的边际效用。第三个苹果可能只有一元钱的效用。第四个苹果，你就不想花钱买了，它的边际效用就是0。这就是效用递减定律。这很直观，也是每个人的经验。人为什么会如此？这显然是人的知性在起作用。自我并不会凭空产生，而主体每次都在变。你的每一次行为，都改变了你自己。效用的递减就是人自我获得的递减。

效用递减定律，其实是受到自我变化本身限制的。在经济学中，这个限制被视为一个暗含的条件。简述如下：不允许这期间有时间使消费者自己在性格和爱好上发生任何变化。所以，这规律没有这些例外：一个人越听美好的音乐，他对音乐的爱好就越是强烈。贪婪和野心不会有满足之时。或者,整洁的美德和酗酒的恶习同样是越演越烈[5]。这个暗含条件的规定存在问题。没有自我的变化就没有效用递减,这个变化如何与消费者在性格和爱好上发生的变化区别开来?从知性来讲,自我的相对变化,必然随着人已有这种物品的数量而减少。贪婪和野心,酗酒和吸毒并不违反效用递减定律。因为单位的消费品,带来的消费者的效用的增加量在递减,才需要增加消费品的供应量。这是上一节所说的第一种情况。我们看到,贪官胃口增大的速度比什么都快,吸毒者的需求也是越来越大。有些自我的变化会是悟性式的。一个人的审美情趣、思想水准,都会在某个时候更上一个台阶。这时,他在这方面的需求,就和原来不一样了,这种变化不适用于效用递减。

攻击边际效用理论主观、唯心的人,既不了解西方思维方式的进步,也不了解我们传统思想的价值。我们中国人什么时候不是主观的?以我们传统的思维去理解边际效用理论,就会明白,西方在价值论上终于摆脱了理念和理性的桎梏。

7. 知性与共用的本体:社会人和自由人

引入一个新概念:共用本体。这个概念可以把人的社会性表现出来。一个真正的个人主义(哈耶克所谓的)[6]的信仰者,相信人是社会的。因此,他们既要把自己和一个集体主义者区分开来,还要把自己和一个无政府主义者区分开来。无论哪种区分,都依赖于这样的认识:人的理性是有限的。在这里,就是要提供一个知性的解释,说明知性的人既是社会的,又是自由的。

知性就是人用已有的知识判断现在和未来。这个已有的知识可以是自己的经验,也可以是别人的经验。我们不必事事都去自己经历,也不可能事事都去自己经历。当你采用了别人的判断,这个判断就不再是一个人的判断,而是一些人的判断。这个判断就有了社会意义。因为大众的判断是你的出发点,你个人的判断是围绕大众的判断进行的。但是,你从这个判断出发所得到的判断,并不是大众的判断,仍然是你个人的。所以,知性既提供了社会的约束,又保证了个人的独立。我们就此提出"共用本体"这个概念。

如果以某个存在表示所获得的本体,这个存在就是一个符号。如果这个符号被不同的人认可,对这群人来说,它就指向同一存在,或者说,它表示一个共用的本体。共用本体就是由一个群体共同认可的符号表示的那个本体。语言和文字就是这样的符号系统。那些一般的社会规则,比如社会习俗和礼节,也是这样的符号系统。一个社会对某个共用本体的接受程度,是这个共用本体的认可度。不同地区的婚礼习俗是不同的,这些习俗就只在某个地区有认可度。所谓外国文化的入侵,就是它们的文化符号认可,扩展到我们的文化中来了,比如鸽子被视为和平的象征。当然,有些人反对这种认可。但在过去,汉文化一直是扩展的,所以才有所谓的中国文化圈。群体对某一本体的认可,从产生到消失的这段时间,可以看成是一个共用本体的寿命。因为本体的存在总是和某个环境有关,一个共用本体的寿命,就取决于它所在的环境的变化程度。有迅速变化的,比如价格;也有变化比较慢的,比如社会习俗、语言文字。在一个迅速发展的社会,礼节和习俗的变化比一个相对稳定的社会要快。一个能够产生共用本体的机制,可用一个经济学的名词来表示:市场。

个人获得的本体是共用本体的来源,因为存在和环境的变化只有人能够观察到,个人获得的本体被其他人选择使用,它就成为共用的。共用的本体当然对应一个共用的主体,它就是不同人的主体的共同来源。理性和知性都可以从共用的本体出发,但是因为方式的不同,结果却是完全不同的。理性不允许不同的人,得到不同的结果;知性允许不同的人,得到不同的结果。在这个意义上说,知性的人是自由人,理性的人是非自由人。所以,崇尚理性的西方社会理论,无论出于唯物还是唯心,都很可能滑向集权体制的泥潭。即使这些理论也高喊人的独立和自由,但自由意味着肯定人的不同,而这正是理性所反对的。在这些理论里只能看到自由的超人,不能看到自由的普通大众。而从共用本体出发,知性的人又是社会的,即人是受一般规则约束的。悟性则是纯粹个人的,包含极端自由的思想,所以印度是无政府主义可以真正盛行的地方。

知性的人就有两个要求:个人自由对社会选择的必要性;社会选择的结果对个人自由的限制。一个社会自然趋向于,在现有环境下已知的选择中,最符合大多数人利益的选择(看不见的手)。这些选择的来源,只可能是个人,这就必须保证个人判断的自由。社会选择的结果,是个人判断的来源,它使个人判断不自觉地围绕大多数人的利益进行。这些认识包含在英国习惯法的传统中,也包含在自由主义的思想中。

就共用本体的认可,我讨论所谓自生自发的秩序。个人和社会之间的相互作用,我讨论两个例子,一个是价格和价值,一个是情感和道德。

8. 社会的认可和自生自发的秩序

自生自发的秩序,是哈耶克社会理论的核心。它的范围和意义之所以模糊不清,是因为这个理论没有建立在一个明确的思维方式上。自由和一般规则的相辅相成,只能用知性来解释。

人类的任何知识,起初都来源于社会的少数人。无论是社会秩序还是自然科学的理论,都是一个人或少数人首先发现的。这些智慧是以悟性、理性或者凭经验得到的,这并不是重要的。重要的在于它是如何成为社会的,即社会中的人如何选择了它。这只可能是知性的思维方式。自我不能凭空产生,所以人必须选择某个标准,作为自己的出发点。一个社会中的大多数人选择同一个标准,这个标准就成为这个社会的一般规则(共用本体)。比如朋友结婚,我们会打听目前一般的送礼标准,这个标准就成为对我们的约束。具体送多少,则取决于个人对双方关系和个人财力的判断。这种选择是自由状态下的自然认可，可以产生，当然也可以改变、消失。所以一般规则，也是随社会的变迁而变化的。

社会整体利益的增加主要依赖于人的利己动机。一个纯粹的利他行为，如果不考虑个人道德和情感的满足，一般只会有利于一方。而两个出于自利动机的人，在自由的状态下达成一致，就构成互利。因为自利是普遍的自然人性，所以这个互利原则是社会发展的真正动力，这个一致性，就可以成为一个双赢的公共标准。如果每个人都为自己的利益考虑，那么一个公共标准认可度越高，随时间变化越小。保持这个公共标准，也就是保证大多数人的利益。从这一点就可以看出英国习惯法的精髓。个人自由和一般规则，对社会大众的利益的保障是缺一不可的。个人自由不仅保证一般规则的产生、认可，也保证它的变化、消失，一般规则则限制个人的自由在社会大众共同认可的范围内。所以，自由主义者反对集权专制，也必然反对无政府主义。自由主义者相信，只有这些才可以保证大多数人的利益。而历史的经验告诉我们，这也是唯一成功的方式。

一个问题是，如果大多数人作了错误的选择怎么办？自由主义者不否认这种情况可能发生，但并不担心人犯错误，人能够认识到自己的错误，改变选择就可以了。自由主义者最担心的是，多数人丧失了选择的权利，这将无法改变错误。无论出于何种道德理想，都是通向奴役之路，哈维尔⑦所说的“后集权社会”就是这样一种情况。对某种社会理想的认可已经消失了，为这种理想而建立的国家机器，却不允许人民改变选择，谎言和暴力成了维持统治的手段。哈维尔所指出的是：依赖于谎言和暴力的社会稳定，是会突然垮掉的。

个人主义体制赖于存在的最一般的原则是：它把一般原则的广泛接受性，看成是在社会事务中创造秩序的手段。知性就是社会一般原则产生、被接受和改变的心灵依据。

9. 知性价值论

在形形色色的价值理论中，如何判断真伪？理解价值这个概念最好的办法，是思考一下我们自己是如何判断价值的。如果你想出售你现在拥有的某个物品，你如何知道它应该卖多少钱？你当然是去打听相同或相似的物品在市场上的价格。如果幸运的话，你还可以知道这个物品的价格，在市场上是处于上涨还是下降的趋势。另外，你当然知道自己的个人需求和它是否急迫。如果要卖，你有现金的需求；如果要买，你有消费或牟利的需求。所以，在通常的价值判断中，至少包括三个因素：已知的价格、市场的环境、个人的需求程度。你根据这些因素得出你的价值。如果市场并没有上涨或下降的趋势，个人的需求也不是那么强烈的话，人接受的就是已知的价格。因此，市场环境和个人需求，是使一个人的价值判断偏离已知价格的原因。

你用这个价格作判断，别人也可以用这个价格作他的判断，不同的人可以通过一个共同的价格作出价值判断，而不必在这之前参与过这种交易。这里，价格是共用本体，价值是个人获得的本体。不同的人观察到的环境不一样，个人需求不一样，作出的价值判断很可能是不一样的。我们说某个东西价值多少，是说我认为现在它在市场上价格可以是多少；说它应值多少，是说我认为它在某种市场条件下，价格应当是多少。因此，价值其实是个人的价格判断。这时，价格是价值的共同来源。

你作出了你的价值判断，但并不意味着能以你想要的价格出售你现在拥有的这个物品。这还取决于想买这个物品的人，他也有他的价值判断，能否成交就取决于双方的价值判断是否在同一个范围。一个完成的交换才能实现个人的价值判断，成交的价格就是双方共同认可的价值。这时，个人的价值判断是价格的来源。因为个人的价值判断包括了一个人对市场环境和个人需求的判断，一个成交的价格也包括了这些信息,因此价格的变化能最快反映交易环境的变化。市场的效率就在于它对这些信息的集成和简化。成交的价格又成为人下一次价值判断的基础。这正是亚当·斯密所相信的:交换是价值的基础。因为经济活动中的人主要是知性的,所以价值是知性的。这就可以理解为什么西方的现代经济学理论,有越来越多的心理学方面的解释。

10. 知性道德论

讨论道德,我们先思考一下人的行为。简单而言,人在行为的时候要作两个判断:利益的判断和道德的判断。考虑这样一个状况,与我们自己的利益无关,并且没有某个现存的道德原则为依据时,我们仍然可以判断一个行为可以接受或不可以接受。我们的判断标准是从哪里来的? 很明显,我们依赖的是情感。所以,个人情感是道德的来源。当人的情感判断被大多数人认同时,它就成为社会道德;当它被强制执行时,它就成为法律。我们所遵循的社会习俗、道德原则实际上都是社会公认的情感标准,从而是我们个人行为判断的共同来源。违背这些社会习俗、道德原则,会被社会认为是缺少情感或不道德的。

儒家成功和失败的地方都显而易见。它提供了个人到社会、情感到道德的解释,但没有思考社会道德原则的建立和保障是如何限制个人行为的。因此它只有个人的自我约束(私德的作用),而没有社会对个人的约束(公德的作用)。儒家的伦理只是半个道德理论,不论哪一代儒家,都没有突破这个局限。实际上在任何一个社会,都是若公德不立,则私德不倡。只有公德得到保障,才能维持一个社会基本的道德水准,因为它限制大部分人的行为在社会大众道德要求的范围内。这个保障保证了大多数人的情感和利益不受伤害,同时有效维护了私德的应有价值。私德能和正在实行的公德比较,才能衡量出它的价值。如果朋友结婚,一般的送礼标准是500元,而你送了2000元,双方都能明白这是在肯定一种超出一般的关系,这个保障的另一个好处是大大降低了社会交往的成本。大家不必判断行为中个人情感的真伪,而只用看这些公德是否被破坏。因此在一个良好的制度下,道德不仅是个人的品质,也会是社会的财富。中国人在交往中,总是喜欢强调双方的关系。在文化心理上,我们认为这个关系是对双方行为的约束,对应的中国社会现实,就是公共约束制度的缺乏或无效,西方人会认为这个强调很奇怪,也无必要。社会道德的缺失就是公权力的缺失,或者说是政府的缺失。你要是相信普通大众和你一样有人的基本情感,那么就应该相信:只有不道德的制度,没有不道德的人。对于老人摔倒要不要扶的问题,中国社会依然停留在讨论个人是不是应该扶,如何保护自己;而不敢或不能讨论,允许伤害个人情感行为存在的制度本身才是问题所在。

对比一下西方的道德观。"Morality"这个词起源于拉丁文的"Mores",意思是风俗和习惯,社会性是不言而喻的。个人的自我约束则较少存在于一般西方人的道德要求里。中国人对下一代的道德教育偏向个人操守,而西方人偏向社会行为规范。一个不受社会规则限制的利益诉求,西方人一般认为没有道德约束的要求,而中国人认为道德约束永远存在。没有社会规则,仍然有人的情感作为标准。"己所不欲,勿施于人"[8]就是这样一个诉之自身情感的道德判断。这个道德要求当然很崇高,但利益和道德都是人的自然需求,不可能要求每个人在任何时候都以道德压制利益。社会本身会寻找一个道德和利益的平衡点,以保护大多数人的利益和情感,这是一般规则(公德)存在的依据。中国社会的道德问题就是私德要求和公德保障之间的巨大落差。中国的社会现实始终是和儒家的道德理想完全脱节的。

当我们认为一个人道德高尚时,依据的是社会标准。对他个人来说,就是即使利益受损,依然选择情感。马斯洛所说的一个"自我实现的人"[9],平时尊重公认的社会准则,但当他意识到这些准则破坏了真正的情感时,转而选择情感。因为他知道,情感才是这些准则的灵魂。当依据一个法律原则作出的判决,不被社会上大多数人的情感所接受时,就是不道德的。这样的情况即使在司法独立的民主国家也会发生。一个例子是美国的斯科特诉桑福德案,它成为南北战争爆发的原因之一。这个判决对于当时许多的美国北方人来讲,奴隶制不再是和自己利益无关的事,也不再因它不在自己身边发生而不用关心,这些人开始需要对此作道德判断。而判决本身对于社会大众而言,不单纯是一个法律条文和司法程序的问题,而是追溯到法律本身的来源和立足点:人性。这时,人们直接诉诸自己的情感判断,不道德就是反对这个判决的充分理由。

对一个社会道德水准的判断,并不用看这个社会宣扬什么道德原则,而只要看它对个人情感的态度。一个社会鼓励个人牺牲、大义灭亲、不奔丧,那就是道德沦丧的标志,因为这破坏了道德大厦的基石:情感。这样一个伪道德的社会,无论是在东方还是在西方,都会大力宣扬这样的"英雄"和"榜样",并要求其他人效仿。而一个道德的社会,一定是尊重和保护个人情感的。当一个人的情感能够自由表达,当一个人能够追求自己的利益,这个社会就会自然形成它所需要的社会原则和道德秩序。传统所说的孝子忠臣,就是说明家庭和个人的情感,是社会道德的来源。儒家所有的道德教条,也许都会被时代抛弃,但儒家的这个认识,无法被人类心灵所抛弃。自由和民主的制度,正好可以补上儒家的缺失,从而是实现儒家这个认识的最好方式。告别专制,才能发现儒家思想的灵魂,才能实现传统价值的最大化。

11. 社会道德对个人所有的最低要求

我们讨论一个人在不受生命和安全威胁下的行为(免于恐惧的自由)。当一个人做一个利益判断时,他是否受利益驱使,就取决于他对自己所拥有的判断及这个利益的大小。一般而言,一个人拥有的越多,可以拒绝的也越多;拥有的越少,受利益驱使的可能性越大。

从知性而言，当这种利益的自我获得被弱化，人自然放弃了利益判断，趋向了道德判断，或者说人拒绝某种利诱而选择个人的尊严。那么，社会道德的最低物质保障，就是这个社会下一个人的最低拥有。这个最低拥有，应该是一个人对自己劳动能力与劳动所得的自由支配。这是保持一个人独立人格的最低要求，也是保证一个有尊严社会的最低要求。因此，私有财产不可侵犯，就是一个社会的道德的最低保障。对一个社会制度最低的道德要求，就是对个人生命、自由、财产的保障。这种保障，是通过对剥夺行为的程序要求获得保证的，即所谓的程序正义。《美利坚合众国宪法》第 5 条和第 14 条修正案有相同的一句话：非经正当的法律程序，不得剥夺任何人的生命、自由、财产。这就禁止任何人、组织、团体、立法机构、司法机构、行政机构以任何名义剥夺个人的生命、自由、财产，包括以国家和大多数人利益的名义。专制政府是不肯提供这种公开的程序的。这不是出于任何道德信仰，而是这种程序使它们不能“取之于民，用之于己”。我们没有看到一个不保护私有财产的制度，能够保护公有财产；也没有看到一个这样的制度，可以被称为是道德的；也没有看到有这样制度的国家、人民不在想法逃离。

12. 有限条件下的道德平等性：司法制度的个人道德基础

一个自由主义者所接受的制度，不是建立在由少数聪明和善良的人操纵下，也不建立在人会变得比现在更有道德上，它是建立在人性多样化的基础上。人时好时坏，时而聪明时而愚蠢。当我们需要仲裁的时候，不假设仲裁者必然是善良的，我们就需要知道人在什么时候是善良的。

当不同的人，在同一环境使用共用的本体，他们就有相同的主体，我们认为这些人在这时是相同的。就我们所观察到的，任何社会都有公认的道德原则，它为这个社会所有的人提供了一般的善、恶判断。我们依此两点推出人的道德平等性原则:如果人们在不牵涉自己利益时,依据公认的道德原则作判断,他们在道德上就是平等的。人不一定按善、恶判断行为,人可能按自己的利益判断行为,但人知道什么是善,什么是恶。被认为有不道德行为的人,并不丧失对别人道德判断的能力,一个人判断别人"走后门"是不道德的,并不妨碍他为了自己"走后门"。一个社会被认为道德沦丧,并不是那些公认的道德原则消失了,而是这些道德原则的社会约束力不存在了。从这一点上说,一个社会缺少道德,并不是因为这个社会里的人缺少道德,而是这个社会的制度纵容某些人对道德原则的破坏。把任何社会的道德化建立在个人道德的提升上,都是为制度的不合理寻找借口,也违背道德平等性原则。

下面以此原则讨论司法制度的个人道德基础。显然,每个人的道德水平不同。我们做出这样判断的依据,是人在利益判断时表现不同。当一个人处于和自己利益无关的状态时,他就不必作利益判断。道德平等性这个原则,也就是司法制度和陪审员制度的人性的原则:一个人在不涉及自己利益时,往往是公正的;一个人在涉及自己利益时,往往是不公正的[10]。所以,司法公正不依赖于任何道德原则,而只是利益回避。司法独立、陪审员制、独立法官都贯彻这个原则。合理的司法制度,并不以任何道德原则和信仰为前提,由利益无关的人去审判,这些人就是公正的,审判就是公正的,这个审判制度就是公正的。因为人总会犯错误,这个审判制度不能保证每一个审判的结果都是公正的,但它不会按照某些人的意愿有意识地制造不公正,所以,它不会大规模地制造出冤假错案,也不会因某个错误的判决而丧失社会大众的信任和本身的权威。

以道德平等性用于讨论司法制度,这是符合理性的,因为它认可人是平等的。但这个一般原则本身并不能从理性推导出来,因为这些道德原则的形成和使用是知性的方式。

13. 有限条件下的判断力平等性：司法制度的个人判断力基础

罗伯斯比尔在《革命的法制和审判》里提出，一个人应当受和他平等的人审判才是公平的。这规定司法中的审判权归于普通民众，奠定了陪审员制的原则。美国宪法规定了所有刑事诉讼的被告有权要求实行陪审团制度。对于一个陪审员，自然要求他公正和明智。而普通民众的道德、智力、知识水平千差万别，如何确定一个普通民众能够满足作为一个陪审员的要求？公正的问题在前面已讨论过了，只要和他利益无关就行了。这里讨论明智的问题。一个人根据提供的证据作判断，对于智力、知识没有特别要求，或者说民众这时在判断力上是平等的。判断力平等性本身要求证据在审判中的决定性地位，它的合理性可以用儒家思想说明。中国社会从古代到民国一直承认“亲亲相隐[11]”原则，在民国的民法里，亲亲相隐从传统的义务改成了权利。既保护了传统道德的基础：情感，又避免了因为义务而带来的道德绑架和伪善。虽然西方的司法传统和中国完全不一样，这个原则在法治程度很高的现代西方国家也同样存在。比如英美法中，夫妻享有拒绝透露只有夫妻之间知道的情报和信息的权利，不能强迫夫妻对其配偶作不利的陈述。其中的中外古今不同不在这里讨论。如果“亲亲相隐”是合理的，那么“自隐”必然是合理的，因为一个人自我保护的权利当然优先于保护任何一个其他人的权利。一个人无权拒绝作不利于自己的陈述，却有权拒绝作不利于其亲人的陈述，这显然违背人的本性。美国宪法第五修正案，不能强迫一个人提供于己不利的证词（被迫自证其罪），就是规定了“自隐”的权利。一个被告有权保持沉默，司法机关就没有了逼供的理由，证据而不是被告的口供就成为审判的主要依据。一个道德的法律制度必然在根本上符合人的情感。儒家的政治思想随时代的变化而丧失了存在的社会基础与合理性，但它理解的人性并不和西方现代司法制度冲突。名教亦是自然,伦理也是人性。首先肯定作为伦理出发点的个人,是儒家现代化的唯一出路。

14. 公共意志与主权在民:合理性与危险性

约翰·洛克在《政府论》里分析了人的自然权利和政治社会的契约性,提出了法制和分权的主张。国家必须根据正式颁布过的、长期有效的法律来统治,而不能依靠临时的专断命令来进行统治。由于同一批人同时拥有制定和执行法律的权力,这就会给人们的弱点以绝大诱惑,使他们动辄要攫取权力,因此立法权和执行权应该是分立的。

孟德斯鸠[12]提出了三权分立,认为决定法的精神和法的内容是每个国家至关重要的。保证法治的手段是立法权、行政权和司法权分属于三个不同的国家机关,三者相互制约、权力均衡。

卢梭[13]在《社会契约论》里提出,一个理想的社会建立于人与人之间而非人与政府之间的契约关系,这奠定了主权在民的原则。卢梭声称,一个完美的社会是为人民的"公共意志"所控制的,他建议由公民团体组成的代议机构作为立法者,通过讨论来产生公共意志。如果每个人为自己的利益考虑,那么公共意志就会是当时一个社会中大多数人的利益诉求。

为什么一个理想的政治制度不能以任何道德原则为前提?如果我们以某个道德原则为前提,必然认定这个社会中,有些人是满足这个标准的,有些人是不满足这个标准的,并且要预先挑选一些人,这些人有权力判断哪些人满足这个标准。于是,这些被挑选出的人就有了道德特权。这就对这个社会中的人作了道德分级,这和人的平等性是根本冲突的。人知道什么是善、什么是恶,人也知道自己的利益。人并不需要别人帮他判断,人需要的只是自由表达他的判断的权利。一个道德的政治制度,就是规定这种权利,是如何给予这个制度下的人民的。《美利坚合众国宪法》只规定了立法权、司法权、行政权的组成和执行者,以及这些权力的授予和剥夺方式。而没有在这些方式之外,另加入任何道德标准,因为任何道德标准,都是对人类平等的否定。这个讨论也适合以任何政治主张或宗教信仰为前提的制度。

如果一个理想的制度不能以道德原则为前提,那么我们就要承认一个代表多数人利益的制度显然要比一个代表少数人利益的制度更合理。在这个前提下,要认识到公共意志本身很危险,因为允许每个人为自己的利益考虑,公共意志就不具有必然的道德性,而且很可能放大人性的弱点。如何界定公共意志的适用范围始终是民主制度面临的一大挑战,我们先考虑公共意志要受到的一般限制。洛克认为立法权是国家的最高权力,但它不高于人的自然权利(生命和财产等)。《美利坚合众国宪法》最初的10个修正案主要规定了人民的权利和对政府的限制,因此被统称为权利法案。权利法案保护一个社会中的所有人,而不只是其中的大多数人。一个可怕的想法是:如果公共意志代表多数人的利益,那么那些少数人消失了,公共意志不就代表所有人的利益了吗?人类社会已多次试验过这个想法。从儒家的思想来讲,人的社会性是个人对外在环境的投影(外化),既取决于个人,也取决于外部环境。外化不可能永远对所有人都保持不变,不存在一种理性的社会一致性。即使原来的少数人不存在了,无论这些多数人在某个时候曾经多么一致,都会自然发生分化。多数和少数对一个社会永远存在,一旦允许某些人有权破坏个人的自然权利,这些人只要宣称他们要消灭的人是少数或一小撮就行了。而这些人自己也可能被宣布为少数人,他们为了自保,会抢先消灭任何可能的对手。所以,无论以多么崇高的名义,比如国家、人民、自由,都会使这个社会最终变成绞肉机,相互残杀,人人自危。失败的都是“人民公敌”和卖国贼,那个成功的“人民领袖”必然是最残酷无情的专制者。那些在权力阶层的人都无保障,无权的大多数就更无保障了。所以,保障大多数人利益的前提是首先保障每一个人的自然权利,这就是现代社会的人权概念。人权是民主制度国家里公民权的延伸。同样在自由和民主的口号下，选择知性的一致走向民主，选择理性的一致走向专制。儒家的思想还表明，因为社会的自然分化，在民主社会里，政党政治是人性的必然，完全松散的公民社会是不可能存在的。

15. 传统伦理中的孝和仁：情感与道德

中国传统思想偏重于道德，其实正是传统思维方式适合的地方。从情感到道德的转换正是通过知性完成的。从“地狱里尽是些不知道感激的人”这句话来讲，西方人认为不道德的人没有感激之情。也可以说有感激之情的人才会有所谓的道德感，那么人最基本的感激之情从何而来？如果我们相信，父母对自己子女的爱是人类最自然、最基本的情感，那么子女对父母之爱的感激之情也是最自然、最基本的。我们很难想象，一个不知道感激自己父母的人会知道感激其他人。我们也很难想象这样的人会有道德感。孔子说：孝悌也者，其为仁之本与？[14]也就是传统道德所说的“百善孝为先”。儒家的这个认识，是人类所有道德理论中，对道德来源最真实可靠也最自然的人性的解释。它的价值既是永恒的，也是普世的，否则，儒家思想对于人类就没有意义。在任何一个时代，一个保持道德水准的社会，无论出于何种文化传统，都会自然体现出对这个认识的尊重。仁在孟子讲，是不忍之心，就是对别人痛苦的感同身受。西方所谓有宗教情感的人，就是能够感受人类痛苦的人，如果别人的痛苦就是你的痛苦，这是直接诉之于个人内在情感的，和有无信仰、信仰什么无关。孝和仁，一个是感激之情，一个是同情，是人类道德的源泉。正是因为有这样的认识，中国的传统伦理一直以孝、仁为核心。

16. 知性先于理性：吾知之濠上也

当我们使用某种分析方法时，当然已经知道自己要分析什么。我们又是如何知道自己要分析什么的？这个问题就是理性是如何开始的。有人会回答:从观察开始的。回答并不错。但是,观察必然预定了某个参考框架,否则,观察就无法进行。这可以由波普尔所举的例子说明:25 年前,我曾经试图让一群在维也纳学物理的学生,深切地认识到这一点。为此我在上课时先指示他们:"拿出笔和纸来,仔细观察,写下你们观察到的东西。"当然他们都问我要他们观察什么[15]。观察总是有选择的,选择不从无知开始。

选择参考框架可以有两个方式。一种是像自然科学里的那些天才一样,以悟性的方式,创造一个前所未有的参考框架;另一种就是大多数人常用的方式,以已有的知识作为参考框架。已有的知识可以是经验,也可以是理论。选择什么知识,是将现在和过去比较,找出相似性。这就是知性的方式。现在的自我,是从过去的自我变化生成的,所以它不是逻辑的方式,而是从一个特定的环境直接得到。当自我定位先于逻辑分析的时候,知性就先于理性。

有一个很有趣也很迷惑人的典故,可以表明传统文化对知性的直接性的认识。庄子与惠子游于濠梁之上。庄子曰:"儵鱼出游从容,是鱼之乐?"惠子曰:"子非鱼,安知鱼之乐?"庄子曰:"子非我,安知我不知鱼之乐?"惠子曰:"我非子,固不知子矣;子固非鱼也,子之不知鱼之乐,全矣!"庄子曰:"请循其本,子曰:'汝安知鱼乐'云者,既已知吾知之而问我。我知之濠上也。"[16]

注意这个"请循其本"。追溯到逻辑的起点,是直接的认识方式,对于庄子与惠子都是一样的。逻辑的失败并不改变这个事实。

17. 知性的重复性:思维的惯性

知性总是从已有的知识出发,如果这个知识不变,就会表现出思维的惯性。心理学家发现:对一个人最初的印象,对以后如何判断这个人影响最大。亚当·斯密观察到:从孤儿院出来的人比较懒惰。他的解释是:这些人以前在孤儿院里经常做无偿的劳动[17]。可见义务劳动并不能培养爱劳动的习惯,反而因为不让人获得任何报酬,成了懒惰训练法。另一个例子是对国际象棋大师的研究。国际象棋通常被认为是一个高级的理性活动。研究发现,这些大师一般都有几千局棋谱的记忆(记忆力是个人天生的财富),他们把这几千局棋分成几大类,几大类下再分小类。当处理现在的一局棋(当然和以前的棋不一样)时,先把它归入不同的类别,比较类似情况下的应对方法(知性),并对当前的情况具体分析(理性),找出正确的一手棋。

这个例子也说明人的思维活动是理性、知性、悟性在交替使用。在理性活动之前,人需要先以知性对环境和自我作判断,而对分析方法作了选择。这就可以解释为什么经验和知识的积累,对人能够解决问题是很重要的,而不只是这个人的智力水平;也可以解释为什么一个人的创造力,主要表现在35岁以前:这时他还没有足够的知识,使他总是按某个固定的思维方式思考。思维的惯性力量有时如此之大,以至任何事实都不能改变一个人的观点。虽然爱因斯坦对量子力学的所有诘难都被波尔驳倒,但他至死仍不接受量子力学的解释。引用一下所谓的普朗克定律,其大意如此:一个新的科学理论被接受,不是因为反对它的人改变了认识,而是这些人逐渐死去了,新的一代开始接受的就是新理论[18]。

当人们面对一个全新的世界,都是从旧有的知识体系慢慢开始认识新世界的。悟性的发生,需要人们关于新世界的知识的积累,积累达到一定程度才会发生,这需要一段时间。当人类刚刚开始认识微观世界时,对氢原子模型的解释,就像一个行星系统[19]。举这个例子,是想讨论当思维的惯性发生,但原有的知识体系实际失效时,我们会遇到什么。对旧理论进行修补,加上特定的条件,理念超时空的特性就被破坏了,变成了以特殊性解释特殊性,这些理论的普遍意义就不存在了。在自然科学里,通常会导致某种无穷大。用生存环境或者生产方式的差别,解释文明的差别,也有同样的问题,生存环境或者生产方式,是随时间变化的。我们根本不知道会有多少种,这就无法给出不同生存环境,或者生产方式之间的确定关系,也无法推理出它们和文明差别的确定关系。这是不符合理性原则的。

18. 诗歌的主体性:对称相反和自我存在

我们说主体是非此非彼、不离彼此,因此在艺术上,主体可以通过对称相反来表现。诗歌是艺术形式中最注重对称的,所以它的主体性也最强。中国诗歌由于汉字的特点,而有其他文字达不到的对称性,它比任何其他语言的诗歌的主体性都强,这种对称要求从《诗经》就开始了,这和我们的文化特征是息息相关的。诗歌成了我们传统上最喜欢用的艺术形式,中国也被称为诗歌的国度。中国人喜欢对对子,你会发现,在对对子的时候,除了前后句的对称,还希望前后对应的各部分的意义是相反的。这正是主体的表现方法,文明的特征不自觉地起了作用。对称、相反使汉语诗歌是主体性的,却是不需要主语的。对于读诗的人来说,这就是我所见,这就是我所闻,不言而喻。

在中国诗歌里,因为五言诗和七言诗单句字数是奇数,所以在五言诗和七言诗里,一般是上、下句对称。但也有极少数诗歌,单句里就用了对称,最有名的就是王昌龄的"秦时明月汉时关"[20]。单独一句就包含了时间的前后:秦和汉;空间的上下:月和关;还有色彩的明暗。仅此一句就能表达一个完整的意境,奇数字又使诗歌具有流动性,读诗的人反复吟诵这一句,便能感觉到韵味无穷。如果单句是偶数字,比如"秦时月汉时关",你反而会觉得缺少乐感,如中国的古建筑,基本上是完全对称的,庄重但缺少生气。凭这开首一句,王昌龄的这首诗便被后人誉为唐诗七绝的押卷之作。

没有佛教文化的传入,就没有唐诗的辉煌。印度文明给中国艺术带来的,除空灵、想象以外,还有音韵中流动的生命。因为各种因素的综合,中国诗歌的主体性,在唐朝达到了极致。形式的对称,保证了主体的存在;音韵的限制,保证了主体的流动变化,这是人类诗歌史上不会再有的巅峰时刻。可以说中国传统诗歌的特征就是它极强的主体性。由唐诗而至宋词、元曲,对称性越来越弱,中国诗歌的主体性也越来越弱，现代诗歌就没有中国传统文化的特征了。中国的诗歌走向没落，西方的诗歌现在却迎来了繁荣。西方和我们也许都在寻找自己缺失的，我们在寻找本体，他们在寻找主体。但西方的诗歌由于文字本身的限制，永远也不可能有汉语诗歌的对称性，所以也不可能达到这种主体性。

谈到主体性，也想说说在西方哲学中，一直存在的自我存在的证明，对中国人就不存在。而自我存在，在中国诗歌里却有一个伟大表述，这也是对“非此非彼，不离彼此”的一个最好的艺术注解，就是陈子昂的《登幽州台歌》[21]：前不见古人，后不见来者——现在的我。

19. 中国人的信仰问题

对于有神论和无神论的争论，是不是必然只有一方是正确的？首先，宇宙是不是有限的，有没有起点？有神论者相信有，并以神回答这个问题，无神论者往往接受某种宇宙无限论。因为宇宙有起点，必然有一个从无到有的过程，这样的创造除了神也找不出第二个理由。但是，对于二元对立论，无限等于不可知。

有神论者能不能提供证据证明神的存在？二元对立论否认单一本体，而神只能是一个单一存在：一切从它开始。从认识论而言，神不可能以一个可重演的方式为人所认识。无神论者总能证明有神论者的所谓证据是错误的。只有从无到有的创造能证明神的存在，这样的创造却是不能重演的。本原问题最终是追溯到一个单一存在。单一存在只能无中生有，所谓科学的回答一样是不可知的。科学和一神论的思维方式其实是相同的，所以科学和基督教都是从西方来的。认为科学反对宗教，那是误解。近代以来的科学和理性教育使中国人更容易信仰一神论的宗教了。

人只能解释存在的变化，不能解释存在的来源。科学只解释存在的变化，所以神在科学里是没有位置的。科学也不能回答神是否存在，但它会给有神论者的证据以致命一击。

无论有神论者还是无神论者，都不要认为对方无知，你思考过的，对方也思考过。实际上，无神论者不提供证据，有神论者只有不满足理性的证据，信仰实际上和证据无关，而和文化有关。你可以相信有创造的过程，接受有神论；也可以先接受无神论，等待有神论者提供证据。问题是为什么我们会选择后者，这是中国文化给予我们的：我们很少有自我存在的怀疑。如果你开始有失落、自我怀疑，那你就离上帝近了一步。什么能帮助你获得自我存在？宗教和宠物。所以，信仰是一种心灵需要，也就是自我获得的需要。

我们既不以神解释自然现象，也不以神解释我们的情感。现在，无论东方还是西方，都用科学解释自然现象。而情感，依据我们的文化传统，来源于家庭。

阴阳论拒绝了单一存在，就让我们的文化天然排斥了宗教，但并不是必然让我们接受无神论。孔子说：敬鬼神而远之。依文化传统来讲，我们是心安理得的不可知论者。

20. 理想和现实：禅的两面

当印度的思想已经融入中国文化之后，一个问题是：在非大非小、不离大小之中，中国文人到底是想要非大非小，还是不离大小？生命中有随波逐流的从容不迫，也有截断众流的荡气回肠。但从容不迫不易，荡气回肠难求。现实往往是无可奈何地顺从，理想中才有特立独行的自由。从中国文人对“竹林七贤”的态度看，他们欣赏的是这种自由的生活方式，却很少有人选择这种生活方式。中国文人出于理想赞成的，不同于出于现实接受的。禅也许带来了中国人心灵的分裂。五四时期的知识分子，很多人思想上赞成自由恋爱，实际中却接受包办婚姻。在中国文人心灵中，理想和现实完全是两个分离的世界。在中国近代史中，这种分裂很可能决定了知识分子的选择。

从文化传统看，中国知识分子内心向往的，是无政府主义式的自由。这种自由,是不受社会一般规则约束的出世的自由。在现实中,又觉得这种自由不可行,而接受某种专制。中国人对自由主义的恐惧,大部分是对无政府主义的恐惧,这种恐惧一方面是来自于宣传的,即专制政府对无政府主义暴力的渲染,并把这种暴力归咎于自由主义。实际上,这些暴力只在专制下,才可以在不受社会谴责和制止的情况下进行。我们不会在一个民主社会里,看到这种大规模、持续的、无政府主义的暴力行为。另一方面,可能还有来自于自身心灵的,对自我的无政府主义想法的恐惧。在中国人心里,都藏着一个大闹天宫的念头,顺从只是现实的选择。对超越规则的自由的天生向往,使很多中国人没有看到自由的另一面:社会大众的自由选择形成了规则。这也许是传统文化的一个盲点,因为自由选择,对中国人来说一直是奢侈品。选择都是所谓内圣外王的人替我们做的。

对于中国人来说,理想中的无政府主义倾向,对应着现实中的专制主义倾向。这也许是佛教文化的不良影响。

21. 传统的复兴:儒家和道家

从知性的眼光必然能看到两点:相似和约束。那么这两点也应是中国人主流思想的核心内容。儒家认为家庭是社会的样板,由内向外,情感是道德的基础,家庭伦理的存在,是社会约束的基础。道家认为自然是人的样板,由外向内,自然的约束,是最好的约束。儒家和道家是中国人情感关怀和自由精神的两大来源,它们也对其他文化产生了心灵启示。对传统文化的破坏,是民族心灵的丧失,也是情感和自由的丧失。文化的复兴,并不依赖于某些文化形式的保持,而只依赖于一个自由和宽容的社会,相信传统的价值,属于人类心灵的不会死亡。生活方式和文化形式总在变化,人性却并不会随社会改变而改变,一个民族对人性的特殊理解,是这个民族特殊的,也是永恒的心灵需要。在理解人性的基础上理解自己,一个民族才不会丧失自我。一个民族的成功和一个人的成功一样,都是自我的实现。

因此，一个自由的民族才能也必然会在发展中表现出自己的文化传统和民族性格。

注释：

①亚当·斯密，英国哲学家和经济学家，他所著的《国富论》成为第一本试图阐述欧洲产业和商业发展历史的著作。这本书发展出了现代的经济学学科，也成了现代自由贸易、资本主义和自由意志主义的理论基础。

约翰·洛克，英国伟大的思想家、哲学家和著述家。约翰·洛克的思想对于后代政治哲学的发展产生巨大影响，并且被广泛视为是启蒙时代最具影响力的思想家和自由主义者。

亚当·斯密、约翰·洛克、大卫·休谟都是英国经验主义哲学的代表人物。

②有限理性是指介于完全理性和非完全理性之间的在一定限制下的理性。“有限理性”概念的主要提倡者是诺贝尔经济学奖的得主西蒙。

③哈耶克(1899—1992)是奥地利裔英国经济学家，新自由主义的代表人物。

④见《吕氏春秋》：“故释先王之成法，而法其所以为法。先王之所以为法者，何也？先王之所以为法者，人也，而己亦人也。故察己则可以知人，察今则可以知古。古今一也，人与我同耳。”

⑤见马歇尔《经济学原理》第三章。

⑥见哈耶克《个人主义与经济秩序》。

⑦瓦茨拉夫·哈维尔(1936—2011)，捷克剧作家、政治家。哈维尔是捷克斯洛伐克联邦共和国最后一任总统(1989 年至 1992 年)，也是捷克独立(1993 年 1 月捷克和斯洛伐克分成两个独立国家)后第一任总统(1993 年至 2003 年)。

⑧见《论语·卫灵公》。

⑨马斯洛，人本主义心理学家，主要著作有《自我实现的人》。

⑩见罗伯斯比尔《革命的法制和审判》。

⑪“亲亲相隐”是春秋战国时期儒家提出的主张，孔子在《论语·子路》里提出，“父为子隐，子为父隐，直在其中矣”。从西汉时开始成为传统刑律的一项原则。亲属之间有罪应当互相隐瞒，不告发和不作证的不论罪，反之要论罪。“亲亲相隐”原本是义务，在民国时改为权利。

⑫孟德斯鸠(1689—1755)是法国启蒙时期思想家、法学家，西方国家学说和法学理论的奠基人。他在1748年出版的《论法的精神》里全面提出了三权分立的原则。

⑬让—雅克·卢梭(1712—1778)是瑞士裔的法国思想家、哲学家。

⑭见《论语·学而》。

⑮见卡尔·波普尔《科学：猜测和反驳》。

⑯见庄子《庄子·外篇·秋水第十七篇》。

⑰见亚当·斯密《国富论》。

⑱世界著名物理学家卢瑟福提出的模型。

⑲见世界著名物理学家普朗克《科学自传》。

⑳唐王昌龄：秦时明月汉时关，万里长城人未还。但使龙城飞将在，不教胡马度阴山。

㉑陈子昂《登幽州台歌》：前不见古人，后不见来者。念天地之悠悠，独怆然而涕下。

第六章　悟性及相关讨论

1.《奥义书》的思想

如果我们考察佛教诞生的背景，会发现古印度哲学（主要指婆罗门教哲学），是佛教思想的重要来源。古印度哲学的思想十分丰富和复杂，后来大部分印度宗教共用的基本概念，在《奥义书》[①]中都已存在，包括业报、轮回、解脱[②]等。所以，《奥义书》在印度的地位，同《易经》在中国的地位一样，是一种文明中思想的主要来源。把这些概念仅仅看成宗教、荒诞不经的人，不可能理解这个文明的思想。我相信这些人也不可能理解我们自己的传统，他们会把《易经》看成迷信：一个占卜手册。如果对一种文明传统不抱有敬意，只会批判，便不可能有所发现。对于哲学而言，宗教迷信和科学都是平等的研究对象，只是它们所理解的人和世界不同而已。

因为我把三大哲学体系的特征，归结为思维方式的特征，所以宗教意义和神秘性都是我不需要的。我只在认识论层面，简单说明这些古印度的哲学概念，而不管它们在印度宗教里的实际定义及在历史上如何变化。

2. 梵我一如[③]与悟性

从认识论而言，如果没有新的认识产生，只能是旧认识的重复使用:轮回;超越旧认识的束缚:解脱(佛教是涅槃);新的认识从悟性得到:梵我一如——本体主体的合二为一。我们可以看出,所有这些概念有内在一致性,复杂而圆满,如果一定要找出不合逻辑的部分,那就是梵我一如,而这正是悟性的超越性所在。我们理解西方文明,首先要理解"理念"这个概念;理解印度文明,首先要理解"梵"的意义。"有"必然是限制;"无"不是不存在,而可能是更高的存在。空可以说是梵的否定性的发展,达到了否定而存在的极致,有更纯净的哲学意义。龙树的空论可以说是佛教哲学思想的顶峰,也启发了后来兴起的印度教。我选择空作二元对立论的说明,既因这个概念本身的清晰,也是文化传统的情感。

梵我一如提出了存在和自我同一于无的命题,是人类思想史上最梦幻的乐章。从梵到空,再到梵我一如,印度哲学的概念和特征一步步趋向清楚和明确。解脱就是亲论梵我如一。商羯罗[④]是印度传统思想中无人可及的巅峰,可以比肩任何时代、任何文明中最伟大的哲学家。梵我一如之于悟性的意义,等同于形式逻辑之于理性,等同于天地人和之于知性,堪称印度传统思想的精华所在。悟性从主体的角度来看,是不同自我的融合;从本体的角度来看,是一个存在的空性;从主体和本体同时来看,是自我和存在同一的一瞬间。悟性的结果,自然是人自身的发现和超越,所以现代印度哲学家对传统思想的主要发扬就是:认识你自己。这是一种文明本性的必然追求。印度思想的这个作用,也可以从佛教对中国的影响看到。魏晋时期早就被日本学者认为,是中国历史上人的自觉的时代,我们可以从《世说新语》[⑤]中看到当时的人崇尚什么。在中世纪末期,融合了部分印度文明的伊斯兰文明反哺欧洲文明之后,从意大利开始的欧洲文艺复兴同样是人的自觉的时代。它奠定了西方文明到现在六百年的辉煌。

3. 梵我一如与天人合一:区别与合作

认为梵我一如与天人合一相同或相近,那是望文生义。如果它们真是本质相同,那么其中一个就是不需要的,应该去掉哪一个？去掉天人合一,中国人不会同意;去掉梵我一如,印度人不会同意。从前面的分析已经知道,它们立足于不同的文明传统,有根本上的差别。梵我一如是无,天人合一是有;梵我一如是出世,天人合一是入世;梵我一如是天堂,天人合一是人间;梵我一如是超越解脱,天人合一是自然从容;梵我一如是主体和本体同一于无,天人合一是主体在对立本体中而不觉;梵我一如是悟性,天人合一是知性。虽然梵我一如不是佛教思想,但从认识而言,可以说,在禅宗里,梵我一如是截断众流,天人合一是随波逐流;梵我一如是万古长空,天人合一是一朝风月。中印文明的交融,不仅对它们做了区分,并将它们完美地结合起来。

4. 禅宗的中国性和悟性后的思维选择

在印度思想里,有无是一个永恒的主题。无论是佛教的胜义谛、俗谛或者是印度教的上梵、下梵,无始终高于有,有最后归于无。在禅宗里则是不同的。惟信禅师所说“依前见山只是山,见水只是水”,就又回到了有——一个新的世界和一个新的我。这是中印文明交融后,中国本性的自然回归。禅宗的这个过程是有、无、有(俗有、真空、妙有),而不是印度思想的无、有、无,不可能符合印度佛教缘起无我的本意。这是一个充分的理由,可以说明为什么禅宗是中国佛教,而不只是佛教在中国。其实以哲学的观点,禅宗是不是佛教都不重要。重要的是,作为我们文化传统的一部分,禅宗所建立的主体哲学,可以直接和西方的本体哲学融合,而达成对人类心灵的完整认识。如果西方哲学家开始认识到禅宗的意义,那么说明他们融合其他文明的努力已经接近成功,波澜壮阔的西方近现代哲学将迎来它最后的高潮。

从认识论讲,禅宗的思维方式,是要从悟性回到知性。但是时代不同了,我们已面对第二次的文明交融:中西文明的交融。在西学东渐后，西方文明给我们提供了另一种选择：理性。

在悟性之后，是知性还是理性，这取决于我们想做什么。是诗意的，还是逻辑的；是艺术的，还是科学的；只是自渡，还是渡人；是一个人的知识，还是所有人的知识。前一种选择知性，后一种选择理性。而禅宗一贯强调不立文字，只可意会，不可言说。这是不是说，我们不能选择理性的道路？这是一个错误的看法。既肯定自己知道，又肯定自己无法说出来，这不合逻辑，也违背禅宗的本意。禅宗强调的是：如何知道这部分是完全个人的，不可言说的。中国禅并不是停留在无，而是回到有。悟之时是无，不可言说；悟之后是有，可以言说。如何悟，无法告诉别人，只能自渡；悟到什么，可以告诉别人，理当渡人。诉之于艺术的，可以是非逻辑的，说它像什么；诉之于科学的，必须是逻辑的，说它是什么。超越逻辑而得道，不妨碍立足逻辑而言道。你不能说，不证明我不能说。我把这个世界全给你，有未来和过去。

5. 悟性的超越性：印度文化的宗教性和印度文学的想象力

宗教的种类很多，也不容易给宗教下一个准确的定义，但宗教有一个共同点，即提供一个超越现实的不同世界。悟性的超越性和宗教无关，但以超越为最终目的，就自然符合宗教的要求。所以印度哲学和宗教的关系是先天的，由印度文明的思维特征带来的。西方哲学和自然科学，中国哲学和道德伦理，也是由各自文明本身的思维特征决定的。不同文明的思维方式适合解释什么，这些文明的哲学在这个方面的理论就最完善。我们观察到的不同哲学的倾向性，其实就是不同文明内在思维方式的适用性。

超越自然是要摆脱一切限制，这使印度文学充满了想象力。印度两大史诗之一《摩诃婆罗多》里的战争场景，和科幻小说一样。佛经故事也常常让人觉得极度夸张、不可思议。相对照的，对于佛教传人之前的中国古代文学的研究表明，中国人在艺术表达上常用比喻，非常缺少想象力。胡适就曾指出："中国固有的文学很少是富于幻想力的；像印度人那种上天下地毫无拘束的幻想能力，中国古代文学里寻不出一个例。"⑥这和中国传统的思维特征是一致的，知性就是类比，本身是限制性的、非超越的。"赋、比、兴"这些传统诗歌里的艺术表现方法，不产生梦幻感。佛教文化的传入，提高了我们的想象能力，才有了唐诗宋词这样的艺术高峰。

6. 种姓制度和众生平等：传统制度的文化特征

在一个产生众生平等信仰的宗教国度，传统上实行的却是种姓制度，多少让人奇怪。其实仔细思考悟性的思维方式：抽象的普遍性，来源于不同层次的具体存在。没有这些不同层次的存在，就不能支持可以不断上升的"自性"，印度的种姓制度有文化上的原因。希腊、罗马的奴隶制，中国一人中心式的专制，也有各自的文化特征。套用西方的社会发展史研究中国历史，显然牛头不对马嘴。中国人和中国社会，从来不像西方那样是二元截然对立的。从古到今，只是换过皇帝，一人中心式的专制从没变过。中国历史无论好坏，都是中国人和中国文化的历史，不是西方人在古代中国。而历史走到全球化的今天，这些面向单一心灵特征的传统制度，终将被更全面反映人类心灵的制度所取代。所以，走向现代化，也是进一步走进人的心灵。现代化不是离传统更远，而是离传统的道德理想更近。

7. 顿悟和渐悟

顿悟思想的形成，在禅宗的发展史上是重要的一环。冯友兰的《中国哲学简史》，对此概念说得很明白。我把有关段落直接转在下面。

道生提出的理论中，还有"顿悟成佛"义，原文亦失传，谢灵运

(433年卒)的《辩宗论》阐述了道生此义。顿悟成佛的理论,与渐修成佛的理论相对立,后者认为,只有通过逐步积累学习和修行,即通过积学,才能成佛。道生、谢灵运都不否认积学的重要性,但是他们认为,积学的功夫不论多么大,也只是一种准备功夫,积学的本身并不足以使人成佛。成佛是一瞬间的活动,就像是跃过鸿沟,要么是一跃成功,达到彼岸,刹那之间完全成佛;要么是一跃失败,仍然是原来的凡夫俗子。其间没有中间的步骤。

"顿悟成佛"的理论根据是,成佛就是与"无"同一,也可以说是与宇宙的心同一。由于"无"超乎形象,"无"自身不是一"物",所以无不可能分成不同的部分。因此不可能今天修得它的一部分,明天修得它的另一部分。同一,就是与其全体同一。少了任何一点,就不是同一。

关于这个问题,谢灵运与其他人有许多辩论,《辩宗论》都有记载。有个和尚名叫僧维,问道:学者若已经与"无"同一,当然不再说"无"了,但是他若要学"无",用"无"除掉"有",那么,这样学"无"岂不是渐悟的过程吗?谢灵运回答道:学者若仍在"有"的境界中,他所做的一切都是学,不是悟。当然,学者要能够悟,必须首先致力于学。但是悟的本身一定是超越了"有"。

僧维又问:学者若致力于学,希望借此与"无"同一,他是否会逐渐进步呢?如果不逐渐进步,他又何必学呢?如果是逐渐进步,岂不就是渐悟吗?谢灵运答:致力于学,在压制心中的污垢方面,会有积极效果。这样的压制,好像是消灭了污垢,实际上并没有消灭。只有一旦顿悟,才能"万滞同尽"。

僧维又问:学者若致力于学,能否与"无"暂同呢?如果能够,暂同也胜于完全不同,这岂不就是渐悟吗?谢灵运答:这样的暂同,只是假同。真同在本性上是永久的。把暂同当成真同,就跟把压制心中的污垢当成消灭心中的污垢,是一样的谬误。⑦

上面的解释很清楚。成佛不是我关心的,我只就认识层面,作一个本体性的说明。符合一个普遍性的个体,都是一个无限的集合。

不可能通过对个体的认识积累的方式，而获得这个普遍性。对少数个体的认识是必要的。但认识个体数量的多少，并不决定悟性是否发生。所以不存在逐渐获得普遍性的可能。要么通过悟性获得普遍性，要么仍然停留在原来的认识上，不存在中间的状态。这个普遍性的获得，在以后可能只算是学习的一部分，但在当时就是顿悟。

注释：

①《奥义书》，原意为“近坐”，引申为“秘密传授”，婆罗门教的经典著作，为后来印度哲学的基础，是《吠陀》文献中最后一部分，故又称为“吠檀多”，意即“吠陀之末”或“吠陀的终结”。

②“梵”作为古印度哲学所理解的一切事物的本体、最高的存在，它不能是什么。如果它是什么，就有限制，不是最高存在了，所以“梵”只在否定中存在。在《奥义书》里通过说它不是什么来表示它的存在，这个方法称为“遮诠法”。

③“梵我一如”也称“梵我同一”，是婆罗门教和印度教的基本教义。认为作为世界本原的“梵”和作为自我灵魂的“我”在本质上是同一的。证入梵我一如便获得解脱。一如表示等同，无差别。

④商羯罗是印度中世纪最大的经院哲学家，婆罗门教吠檀多派的集大成者，梵我一如这个概念的实际提出者。他复兴了婆罗门教，将佛教逐出了印度，是印度最有影响的思想家。

⑤刘义庆(南朝宋)《世说新语》。

⑥见胡适《白话文学史》，上卷，东方出版社，1996 年版，第 140 页。

⑦见冯友兰《中国哲学简史》第 21 章，生活·读书·新知三联书店，2009 年版。

第七章　理性及相关讨论

1. 理性和非理性

作为对立存在的要求,人的理性思维的特征,必然会反映出非理性思维的特征。原因很简单:如果要在思维这个范围定义理性,那么确认理性思维方式的要素,一定要使理性和那些非理性的思维方式区别开来。否则,这些要素即是不完全的,不足于定义理性。因此,每一个理性思维的要素,都对应着一种非理性。反过来当然也成立,有几种非理性的思维方式,那么理性思维的要素也必然需要几个。我在前面只定义了两种和理性不同的思维方式:知性和悟性。这意味着理性思维方式的要素,实际上只有两个。因为这三种思维方式,都是从二元对立这个基本模式来的,那么,这些思维方式的要素的最简约表述,应该都建立在二元对立的基础上。这些推论中的理性部分,可以由西方的相关知识来验证;而非理性的部分,则可以和中国、印度文化相对照。当我们澄清了理性思维的原则,其实也澄清了非理性思维的原则,所以在这里同时讨论它们。

这一章主要是从西方文明的观点,也就是本体的角度,分析人的思维。和第三章论述智性时从主体出发不同,这里试图从从本体论的意义上,再讨论理性、知性和悟性,并澄清它们各自的本体特征。把握了不同思维的本体特征和它们的符号表示,就可以像理性那样,建立知性和悟性的可操作模式,为它们在人工智能上的应用做好理论准备。下面的结论可以和第三章的内容做对照。

2. 理性的要素和形式逻辑及主体定义的理性证明

对于那些理性的要素,人在理性思维时当然要遵守。那么我们实际上是如何判断一个人的思维过程是否符合理性的?亚里士多德早就给出了方法:形式逻辑。因此,形式逻辑,即必须包含理性的所有要素,否则它就不足以作为标准,用于判断思维是否符合理性。在下面的讨论里,我假设它是理性判断的充分条件。请注意,符合理性不等于结论正确。

形式逻辑的基本规律有三个:同一律、不矛盾律、排中律。它们虽然简单,却是人类理性大厦的基石。下面我将二元对立论中的彼、此引入,并作简单解释。

同一律的基本内容是:在同一思维过程中,所使用的思想概念,必须是同一的。公式是:A 是 A。符号表述为:A = A。也就是说此是此。

不矛盾律的基本内容是:在同一思维过程中,两个相互矛盾的判断,不能同时都是真的。公式是:并非 A 而且非 A。符号表述为:A≠ - A。也就是说不能亦此亦彼。

排中律的基本内容是:在同一思维过程中,两个相互矛盾的判断,不能同时都是假的,必有一真。公式是:A 或者非 A。符号表述为:= A 或 = - A。也就是说非此即彼,非彼即此。

容易发现,只有同一律不是以二元对立的方式定义的。

形式逻辑的定义,只使用了对立概念 A 和 - A。如果我们可以在 A 和 - A 之外定义逻辑思维的主体,就要引入第三种本体的存在,这和理性思维直接冲突。如果非理性思维的主体定义包含第三种本体,它和理性思维的主体就有不同的性质,而不只是相反的性质,它们就不是对立的。人在思维时,理性和非理性之间也不可能相互自由转换。形式逻辑即可证明,思维主体不可能在对立本体以外存在。主体当然又不是 A 和 – A。因此主体只能定义为非 A 非 – A，不离 A 和 – A。

3. 非理性的要素和反逻辑的思维规律

我把这些形式逻辑的规律，全部反过来去寻找反逻辑的思维规律。反过来的方法，是把符号变成相反的形式：把“ = 变≠”或把“≠变 = ”；把“A 变 – A”；把“或”变成“并且”。这里只用奇数次的变换，因为偶数次的相反变换不会产生反逻辑的结果。

同一律就产生两个不同一律。不同一律 1：A ≠ A；不同一律 2：A = – A。

不矛盾律就产生两个矛盾律。矛盾律 1：A = – A；矛盾律 2：A≠A。

排中律比较复杂，可以推出多种结果。它产生两个中间律。中间律 1：≠A 并且≠ – A；中间律 2：= A 并且 = – A。

排中律还可推出：≠A 或 = – A，= A 或≠ – A 等。这些都不反逻辑，在这里不需要。

如果没有 A 和 – A 以外的判断（在同一对立性内），不同一律 1 和矛盾律 2 是相同的；矛盾律 1 和不同一律 2、中间律 2 是相同的。去掉重复的，我们就得到不同一律：A ≠ A；矛盾律：A = – A；中间律：≠A并且≠ – A。它们构成反逻辑思维的所有规律。矛盾律 A = – A和中间律≠A 并且≠ – A 是冲突的，不能放在一起。这三个反逻辑的思维规律就分成两组：

第一组：不同一律：A≠A；矛盾律：A = – A。

第二组：不同一律：A≠A；中间律：≠A 并且≠ – A。

每一组对应一种可能的非理性思维方式。既然我们以颠覆理性的方式来讨论非理性，不如干脆放弃逻辑这个招牌。这些思维方式，不是逻辑的一部分或者逻辑的发展，而是和逻辑对立和并存的。前面我已定义过知性和悟性的思维方式,第一组就是知性的思维规律,第二组就是悟性的思维规律。理性本身即可证明,有且只有知性和悟性这两种非理性思维方式。

4. 同一律和不同一律

从上面的推导过程中可以发现,同一律的反面,都可以由不矛盾律和排中律的反面推出。这说明,同一律指出了不矛盾律和排中律要做什么,也说明,不矛盾律和排中律可以完全保证同一律。第一点按逻辑学家的话说,同一律是基础,它高于不矛盾律和排中律。第二点则表示同一律不是必需的。因为同一律不是以二元对立的方式定义的,所以从认识论而言,它是不能说明自身的,需要靠不矛盾律和排中律来说明。即同一律可视为理性的一般原则,不矛盾律和排中律才是理性的要素。从哲学的观点,同一律可以看成理念这个概念的逻辑表述。

同一律指出了理性要什么:存在的一致性。不同一律则指出非理性要什么:存在的不一致性。按习惯,我把它们留在思维规律里。但没有它们,也完全没有问题。这两个原则,由和它同组的其他规律说明。这些其他规律对思维方式做了区分。

可以看出,不矛盾律使理性和知性区别开来,排中律使理性和悟性区别开来。换言之,知性、悟性的特征与理性的特征是相对立的。知性的特征符合矛盾律:亦此亦彼;悟性的特征符合中间律:非此非彼。矛盾律和中间律又使知性和悟性相互区别开来。如果确实存在着知性和悟性以外的非理性思维方式,形式逻辑的三个规律就是不够的,我们必须加入其他的逻辑规律来确认理性。

5. 反逻辑的思维规律和非理性两个模式对于理性的意义

不同一律可以由矛盾律或中间律说明，这是不一致性的两种可能。

第一种是矛盾律：A = -A。矛盾律指出存在可以是它的反面。按主体的定义，主体的位置将决定存在的属性。当主体随环境的变化而变化时，在不同环境，一个存在可以属于同一组对立性的不同面。如果我们考虑到存在的不同层次，这个矛盾可以是不同对立性之间的对立和同一对立性之间的对立。不同对立性之间的变化，一般视为自我选择；同一对立性之间的变化，一般视为自我调整。其实它们是同一种方法用在不同层次，使人具有充分的灵活性。注意，这个选择和调整，是让人可以达到某个特定条件下的不矛盾。如果不能达到这个不矛盾，就无所谓认识。因为知性是在原有的对立性内选择，所以不超出人已有的知识。在人工智能上，我们可以把和某个应用有关的知识都综合到一个专家系统，这个系统在这个具体的应用上，可以超过个人的判断能力。但它并没有人的自我定位（自知），不能和人一样，自然处理未知的情况。

第二种是中间律：≠A 并且≠-A。中间律指出，存在可以既不是它原来的样子，也不是原来样子的对立面。这样，这个存在就退出了原有的对立性，它的对立面也一样。考虑到主体的定义是“非此非彼，不离彼此”，定义中的非此非彼就是中间律。此时这个存在，其实是和一个主体一致，因为主体本身只能存在于对立本体中。这时的结构，可视为三个本体同时存在，只是中间的本体不可见（离相）。因为这个结构包含原有的本体，它所含的主体，在认识层次上，高于旧的主体。这就超越了原有的对立性，而又包含原有的对立存在，原有对立性的边界，在这个更高的层面就被确定了。这是我们的认识不断进步的方式。这个超越让人达到更高一层的不矛盾，是更深刻的普遍性。在自然科学里，可以构成一个更广泛理论的基础。悟性超出原有的知识，和理性、知性的过程是相反的。这是现在的人工智能无法做到的部分。

6. 理性思维的基本模式和人工智能的应用

本节讨论如何在人工智能上实现非理性的两个思维模式。

(1)区间定义：主体在人工智能上的定义。

把逻辑电路的0,1扩展到-1到1的区间。[-1,0)为-A或0,(0,1]为A或1。在-A区间和A区间之间的0就是主体。这个区间定义，不仅包含逻辑电路的0,1所表示的对立关系，还表示了这个对立区间和主体之间的相互依存关系。没有主体，不存在对立区间；没有对立区间，也不存在主体。

上面定义的，是对立区间最简单的情况。按主体的定义，主体可以是指任何两个相关变量之间的关系量。这个不同的关系量，可以定义不同的对立区间。

当一组对立区间表示大小、长短这样的对立关系时，我们把这样有具体意义的对立区间，称为意义组。一个意义组可以投影到一个空间上，这个空间称之为这个意义组的可投影空间。如果这个投影空间是有范围限制的，这个有限的投影空间，就是这个意义组的有效可投影空间。不同意义组对应的有效可投影空间，可能存在于同一个空间上，在同一个空间上的这些不同投影空间，可能有重叠部分。一个具体的存在，可以由不同意义组的投影组合表示出来。这个组合里的一个投影，表示这个存在的一种性质。意义组本身是固定的，它的投影是可变的。人在投影空间实现动态多值和组合，而不是预先准备无限种可能性。

(2) 单投影和矛盾律：自定位。

假设-A表示小，A表示大。如果有直径5厘米和直径10厘米的球，我们把大、小区间和主体同时投影到5和10之间。根据两个球在投影空间的不同区间,从而知道5厘米的球是小球,10厘米的球是大球。如果再放入一个直径在5厘米和10厘米之间的第三个球,要判断大小,我们要看它位于哪一个区间。当放入7.5厘米的球时,就无法判断它的大小。这正好是主体的位置。如果直径10厘米的球是和直径20厘米的球在一起,投影是在10和20之间,这时直径10厘米的球就是小球,这是同一个存在在不同环境下的矛盾律。如果只有一个球,那么我们是和记忆中的一个标准球比较。这个标准球的大小来自于个人的经验积累和学习。每个人的标准球的大小很可能是不同的,有人视其为大球,另一人则可能视为小球,这是不同人看同一存在引起的矛盾律。

在投影时,大小区间和主体都在投影空间上,这就包括了主体定位。主体并不存在于大、小判断之外。

(3)双投影和中间律:自组织。

假设有原来认为不相关的意义组1,2。A、B是意义组1在一个空间上的投影区间,B、C是意义组2在同一个空间上的投影区间,意义组1和意义组2的投影空间即有重叠部分。A、B、C可以构成连续的投影空间。以"|"表示投影空间上的主体,这个连续的结构是A|B|C。其中包含两个不同的主体。如果意义组1和2同时投影,一个意义组的投影空间上的主体和另一个意义组的投影空间上的B区间就可能位置重叠。这时人有物我合一的感觉,同时人突然意识到A、C可以直接对立。禅宗对此时的认识状态有一个很好的说明:旧念已过,新念未生。如果人发现A、C可以构成一个新的意义组3的投影,就是新念已生。意义组1定义的主体和意义组2定义的主体此时变成了同一个主体,这个不同主体的融合是人的自我简化。在意义组3的投影空间上,A、B、C将不再对立,而被重新分区。原来被视为对立或无关的存在现在是同一类存在,即新的普遍性的获得,使人对存在重新作了分类。意义组3的投影空间至少包括了意义组1、2的投影空间之和,意义组3是认识范围的扩大。从自组织讲,意义组3是更高的新层次。因为人以后判断时可以先选择意义

组3的投影,再缩小范围选择意义组1或意义组2的投影。

7. 理性的共用性对知性、悟性的要求

从第五节可以看出,不同一律是达到同一律的途径。符合同一律,才是理性认识,但同一律自己并没有脚。理性所要的前提本身,不能由逻辑得到,没有非理性,理性寸步难行。我们通过知性或悟性直接得到的判断,只是个人的判断,还不是逻辑意义上的同一律。从理念的概念来讲,西方的理性有一个重要的特征:语言的共用性。在自然科学里,我们必须把判断由概念表述出来,并遵守形式逻辑的规律,这个判断才符合通常意义上的理性。可以看到,各门学科都有发展出自己的一套概念体系。文学艺术很多时候并不遵守理性的法则,非理性的方式,往往使人立即得到直观的强烈印象。

知性所达到的认识被理性表述时,一般是一定范围内的可靠知识;悟性所达到的认识被理性表述时,一般是包含普遍性的理论。它们构成西方学术的两大优良传统。不矛盾律决定了它们是通用的、可重复的、不能任意解释的,是所有人的知识,而不只是某个人的知识。这两个部分也是实验和理论的相互促进。在自然科学里,科学家也常常通过类比的办法(知性)去猜测相似的普遍性的形式。

一般人会觉得,建立理论总是高级一些。但理论的出现,需要某个范围的知识积累到一定程度才会发生,这些局部知识的可靠性就很重要。认识局部不一定认识整体,但不认识局部不可能真的认识整体,如果有所谓认识,也只是对整体的猜测。强调整体性的思维,而不重视细节的可靠性,是中国人的通病。前面差一点,后面差很多。后人不能用前人的知识,知识就无法积累和扩展。理性正好可以弥补传统的这个缺失。

8. 悟性和归纳推理:中间律

悟性的西方替代办法是归纳推理。归纳推理,要么按西方一些逻辑学家所证明的,也称演绎推理;要么它就应当从推理中清除出去。获得普遍性,不是理性所能做的。我们过去总是把自然现象和人类行为联系在一起,这样无法建立独立的自然科学,其实文明本性对西方有同样的误导作用,它们试图把一切思维方式加上逻辑或推理的名称。悟性的主体化倾向和西方的本体化倾向背道而驰,使西方人很难理解悟性。西方以矛盾律为基础的至少有辩证法,以中间律为基础的认识论就不曾真正产生过。虽然西方对印度社会和文化的了解与研究多于中国,但西方近现代的学术思潮的主要进展还是在知性上,远超过对悟性的认识。不过西方在很多方面已经重视“无”的意义了。

和形式逻辑的排中律相反,悟性的特征是中间律:非此非彼。从哲学传统讲,可以把中间律称为空律,把矛盾律称为阴阳律。佛家典籍《禅门公案》,可以说处处都是在讲中间律。禅师们喜欢所答非所问,说似一物既不中[①],就是要强调不一致性。在前面讨论阿拉伯数字时,我已给出悟性发生的条件:人突然认识到,原来被认为是不同存在之间的相互依存性,是它们中某一存在的空性,所以悟性的中间律,就是一个本体主体化的情况。

悟性似乎充满东方神秘主义的色彩,其实神秘只是因为不了解。有很多的直观例子可以说明中间律的意义,这个意义也是二元对立结构的本质:主体使对立本体联系在一起。我们很多实际使用的对立概念,仍然是认知结构意义上的矛盾,而不是理性意义上的矛盾,即存在着不属于对立双方的中间部分。比如正数、负数、零。大于零的是正数;小于零的是负数;零不是正数,也不是负数。零在这里是符合中间律的。这里应当注意,零不但是判断正数、负数的条件,它还使正数、负数联系在一起。我们要想获得普遍性,自然需要将原来分离的存在先联系起来。中间律既可以帮助我们建立对立，也最终可以帮助我们消除对立。

9. 知性和辩证法：矛盾律

和知性一样，承认矛盾律的西方观点是辩证法。它如此容易被国人接受，就是因为它和我们的传统思维方式很相似。但辩证法仍然表现出西方思维的本体倾向和时间特征。对立统一和变化发展，都是指存在本身的，而矛盾的发生就只能是存在的变化产生的：存在自身走向它的反面。矛盾又不可能无中生有，所以只好让矛盾同时存在于一个存在。传统则注重的是主体和空间，主体性是指认知模式的不同。在中国智慧里，是“仁者见仁，智者见智”[2]，这在辩证法里是看不到的。空间性则指存在本身不必变化，只要存在所处的环境发生了变化，人的认识即会变化，如所谓“尺有所短，寸有所长”，不要低估了这些传统思想的价值。弗洛伊德的潜意识，结构主义者的社会或语言的基本结构，语言转换—生成学派发现的深、表层结构，爱因斯坦所说的“理论决定了我们能观察到的东西”，所谓的“认知模式决定人的认识”，这些令人眼花缭乱的思潮和观点，其实指向同一个思维方式。理解整个西方的文化和哲学，我们需要理解理念和理性；理解近现代西方的学术思潮，我们需要在人性的层面理解自己的传统文化。从儒家的忠孝观点看，孝正是忠的潜意识（弗洛伊德），正是社会投影下的亲属关系（结构主义），正是忠的深层结构（语言的转换生成）。理解传统，才能理解近现代西方学术思潮的大方向，以及不同思潮之间的关联。同理，一个印度人去看禅宗，如果他不能发现其中的印度文化的部分，他就无法理解禅宗和禅宗的发展史。

西方的理性并不是传统思维的敌人，辩证法才是传统思维的“敌人”。辩证法会曲解传统思维，理性却可以补传统思维之不足。“易”有三义：简易、不易、变易。以不矛盾律确定特定条件下的“不易”，把个人的“不易”变成共同的“不易”，是我们需要多做的。

10. 矛盾律和中间律的相互转换：理性的去主体化和悖论的形成原因

矛盾律是A = -A，同时肯定A和-A。中间律是≠A并且≠-A，同时否定A和-A。

转换1：如果矛盾律存在的时候，使用不矛盾律（不能同时都是真的），A和-A有任何一个被否定，从逻辑上都会推出中间律。因为这时A = -A，否定A会同时否定-A，否定-A会同时否定A。

转换2：如果中间律存在的时候，使用排中律（不能同时都是假的），A和-A有任何一个被肯定，从逻辑上都会推出矛盾律。因为既否定A，也否定-A，在逻辑上要求肯定A会导致肯定-A，肯定-A会导致肯定A。

上面推导出矛盾律和中间律在逻辑上互为因果关系，这两个推论是后面所有讨论的依据。前面已分析非理性为理性提供了前提，这里则证明理性是两种非理性之间的桥梁。人工智能不仅需要模拟人的理性和非理性，还需要模拟理性和非理性之间的合作。这可能对应人的两个脑半球和它们之间的合作。

按照二元对立论的定义，对立本体和主体存在着同时依存性。为讨论下面的问题，我把它们分为对立本体之间的同时依存性和主体与本体之间的同时依存性，这两个依存性其实是一体的。形式逻辑的排中律要求非此即彼，正好是要排除主体状态的，即理性思维要求去主体化。去主体化对于本体的影响是：在理性思维时，一组语言上的对立概念虽然指向一组二元对立的本体，但对立概念之间没有对立本体之间的同时依存性。这组对立概念实际上被视为相互独立的。也只有这样，一个概念才能有理念所谓超时空的特性。反过来讲，如果某个自我的定义和一组对立概念同时相关，那么这组对立概念就是认知结构上的对立本体，这个自我就是认知结构上的主体。

这个自我依存于这组对立概念，这时，中间律就存在，那么排中律就不成立。对于理性思维，这是逻辑失效的情况。下面讨论两种情况。第一种像前面提到的正数、负数、零，零保留主体的状态。对于人的认识，这并没有问题，但对于形式逻辑是有问题的。不是正数，不是负数，这两个判断就不是相互矛盾的判断。这两个判断合在一起，得出零。第二种是逻辑上的悖论[3]。如果一个自我指涉的命题“我是A”是 -A。符号表述为：“我 = A” = -A，可推 A = -A。这个命题即含矛盾律。如果“我是 A”是一个自我否定的判断，那么 A 和 -A 至少有一个被否定。根据转换 1，这个“我”在逻辑上满足中间律，这个“我”就和作为思维主体的自我的存在方式相同。根据转换 2，中间律导致矛盾律。这时，肯定 A 会导致肯定 -A，肯定 -A 会导致肯定 A。按上面的讨论，一个导致悖论的命题必然要满足两个条件：①是一个直接或间接的自我指涉的判断，②是这个判断实际上是自我否定的，并且导入一组矛盾命题。

如果觉得不好理解，那么我结合悖论的例子来说明一下。按照转换 2，如果自我追溯的命题中的“自我”和思维的自我一致，因为思维的自我定义包含中间律，那么就会导致悖论。仅仅按照转换 1，矛盾是不够的，自我追溯的命题必须是直接或间接自我否定的。比如最简单的说谎者悖论“我在说谎”，如果我所说是真（我在说谎），我就不在说谎；如果我所说是假（我不在说谎），我就是在说谎。不包含否定的自我追溯命题，比如“我说的是真的”。如果这个命题是假的，那么构成矛盾，却不构成悖论，因为没有自我否定，不产生中间律。非自我追溯的命题，比如“你在说谎”或“他在说谎”，命题的陈述者是与这个你或他不同的人。无论命题真伪，即使构成矛盾，也不会产生中间律。其他一些悖论，如理发师悖论“小城里的理发师只为城里所有不为自己理发的人理发”，上帝悖论“万能的上帝能不能造出一个自己也举不起的石头”，都包含自我否定。这是悖论存在的逻辑要求。

中间律会导致矛盾律还可以解释印度文化为什么如此复杂和矛

盾，也可以解释近代西方为何从印度思想出发却得到中国思想。

矛盾律会导致中间律可以解释为什么中国人经常有意、无意地表现出无立场。

注释：

①南岳怀让语。

②《周易·系辞上》。

③悖论指在逻辑上可以推导出互相矛盾之结论，但表面上又能自圆其说的命题或理论体系。其中最经典的悖论包括说谎者悖论、罗素悖论等。

第八章　东方哲学与自然科学

1. 生命、自然与自然科学

前面所有关于二元对立的讨论都是围绕人的思维进行的，但二元对立论对于所有生命的自我意识都是成立的。既然生命是在自然（非生命的部分）中孕育出来的，那么自然如何为生命的自我意识的产生提供了可能性，而自身又不存在自我意识？这个问题牵涉自然科学的立足点。自然科学之所以被称为科学，就是它遵循理性的方法。但是，如果自然本身完全遵循理性的法则，那么它就不可能孕育出有非理性思维的生命。基于这个判断，自然必然存在超出理性的部分。如果意识确实是生命独有的，那么生命又必然存在超出自然的部分。所以我们既需要指出自然与理性的差别，又需要指出生命与自然的差别。下面仔细分析这些差别。

自然超出理性的部分当然是某种非理性的存在。如果自然有非理性的存在，那么这个非理性的存在只能是满足中间律的存在。因为自然不能是自身矛盾的，否则自然科学就根本不成立，而一旦中间律存在，根据第七章第十节的第二个推论——中间律可以在逻辑上导致矛盾律，自然科学就必然会遇到非实在的、不可观察的矛盾现象，比如电子的双缝干涉。量子力学难以理解的现象和逻辑悖论存在的原因是相同的。

如果自然有满足中间律的存在，自然和生命不同的只能是矛盾律。自然不存在实在的违反不矛盾律的现象，而生命能够使用矛盾律，第七章第十节的两个推论——中间律可以在逻辑上导致矛盾律，矛盾律可以在逻辑上导致中间律，这使“主体(自我)”不断重现。这应该和生命的许多秘密有关，比如生物的生长发育和语言的生成都有发散和收敛的问题。语言中同时性和历时性的交替，律诗、格律的要求“一三五不论，二四六分明”都可能是中间律和矛盾律的转换在起作用。我猜测矛盾律还可能是生物许多逆自然现象发生的根源。限于我的知识，我在这里不能做更多、更深入的讨论。

满足中间律的存在会让自然表现出某种“主体性”，和人的思维主体存在的方式相似。大家都认识到量子力学的现象和人的意识有相似的地方，并且很多哲学家和物理学家试图从东方哲学中寻找灵感。但东方哲学的主体性主要是和人的意识相关的，而自然的“主体性”仍然是客观的、非自我选择的。将人的意识直接放入物理学，或者认为自然本身是有意识的，都将使物理学失去它的客观性也使自然和生命之间失去了界限。明确地说，导致量子现象的原因和思维中自我的存在方式相同。除此以外，把意识解释为量子现象，或者认为量子现象和意识有关，都是对两者的误解。

2.东方哲学与自然科学:物理学

相对论与量子力学诞生以来，物理学家对自然的理解和过去有了很大不同。相对论与量子力学之于自然科学，相当于西方现代与后现代哲学之于西方哲学。我们不理解理性，就无法理解自然科学和西方哲学。我们只理解理性而不理解东方文明的智慧，那就无法理解相对论和量子力学描述的自然现象的本质是什么，也无法理解西方现代与后现代哲学在寻找什么。

我们回望人类轴心时代的三大文明，希腊文明的智慧孕育了自然科学。我们不要忘了中国文明与印度文明对自然有自己独特的理解。中国文明相信天道与人道的统一，生命是自然的产物，自然结构与生命结构必然有相通之处。印度文明相信有一个不能用肯定方式描述的存在，是一切存在的自性，不仅存在于人，也存在于自然万物。这个否定式的共性是存在可以同一的基础。

当我们试图把这些东方智慧引入自然科学，需要遵循自然科学本身的原则。爱因斯坦说过：相信有一个离开知觉主体而独立的外在世界，是一切科学的基础。这个原则是自然科学与理性结合，并取得巨大成就的原因所在，和西方哲学相比，东方哲学和人的意识紧密结合，有很强的神秘主义倾向。那么，在不违背这个自然科学原则的基础上，东方哲学可以给自然科学带来什么？不存在一个独立于存在者自身之外的世界是东方哲学对自然与生命的理解。如果我们只用其理解自然的部分，这部分可以包含自然的主体性，但又排除人的意识，不和自然科学的原则冲突。

我们从哲学讨论进入物理学的讨论，不可避免地会使用一些东方哲学的概念，但不用这些哲学概念直接讨论物理学。使用东方哲学的概念解释物理现象，物理学家不可能明白你在说什么，不能判断出对错在哪里，也就无法获得启发。对东方哲学与现代物理的概念做平行的对比，可能很有趣，但既不增加物理学的知识，也不增加哲学的知识。这样做，不是在对现代物理学做解释，更像在用现代物理学证明东方哲学。我们使用东方哲学的概念时，必须先指出它在认识论上是什么样的存在。在具体的某个物理学范围，它对应的物理学概念是什么。这样的物理学概念只能是一个客观而非实在的存在。如果它是实在的，不具备东方哲学的特征，现代物理学不大可能错过它。如果它是非客观的，和自然科学的基础冲突，物理学不需要它。虽然有关量子力学的讨论经常使用非实在这个概念，但物理学家从来没有定义过一个非实在的存在如何客观存在。我们先从满足中间律的存在开始讨论非实在。按照中间律的否定式定义，这样的存在可以是非实在的，这个存在只和一组对立的自然存在有关，而和意识无关，所以它是客观的。如果这个非实在的存在确实是自然本身的一部分，那么它必然以某种隐性的方式包含在现代物理学中。

因为缺少这个客观的存在，物理学不可能完整地描述自然现象。以相对论和量子力学为代表的现代物理学并不存在描述的问题，所以不要试图用东方哲学概念质疑或挑战相对论和量子力学。我们只能是在相对论或者量子力学中，寻找这个隐性的物理学概念，即东方哲学对物理学唯一可能的贡献是揭示某个非实在的隐变量的存在。一旦我们找到这个非实在的隐变量，并使它显性化，将根本改变物理学，也改变我们对自然的认识，并同时证明东方哲学的价值。总之，我们应当尽量在物理学意义上讨论问题。哲学概念只作为辅助说明。只要能把物理问题讲清楚，物理学家就能理解你的哲学思想。如果对物理学的理解就是错的，再多的概念解释和质疑也是无意义的。

下面开始讨论东方哲学的认识：不存在一个独立于存在者自身之外的自然，如何对自然科学成立。

3. 二元对立论的物理模型：自然的可能法则

假设二元对立论对于物理学成立，我由此建立二元对立论的物理模型。我结合实际的物理量来说明。对于物理学中存在的任何两个相关物理量，比如时间、空间或一对共轭变量，可以视为对立的本体。表征这两个相关物理量变化的关系量，完全满足主体的定义“非此非彼，不离彼此”。这个关系量不是这两个相关物理量，不离这两个相关物理量。这一组相关物理量和它们的关系量合在一起就符合二元对立论。比如时间长度和空间长度可视为对立的本体，速度可视为主体。速度不是时、空长度，不能离开时、空长度。

按照二元对立论，主体和对立本体是相互定义的。对应于物理学，对立本体定义主体，就有一个由两个相关物理量定义的关系量。我把这个关系量叫实关系量。比如物理学中一般而言的速度，是由时空变化定义的，在此就叫实速度。主体也定义对立本体，就有另一个关系量反过来定义这两个相关物理量。我把这第二个关系量叫空关系量(对龙树表示敬意)。空关系量存在的哲学意义就是上面所说的东方哲学的认识:不存在一个独立于存在者自身之外的自然。相关物理量不能独立于关系量。时空不能独立于运动本身(速度)。如果只存在实关系量,没有空关系量,因为实关系量是被定义者,那么相关物理量就独立于实关系量这个存在。这就导致一个逻辑问题:这两个物理量不是物理上相关的。空关系量与实关系量同时存在才能保证相关物理量的物理相关性。在数学上相关物理量互为各自的变量。所以对于物理学,满足中间律的关系量包含一个可以直接观察到的实在部分:作为被定义者的实关系量和一个不能直接观察到的非实在部分:作为定义者的空关系量。空关系量不在所观察到的物理实在以外存在。我们观察到的物理实在实际上隐含空关系量的作用,物理上的操作定义只是揭示这个自然本性。从哲学上讲,实关系量是被定义者,是第二性的。空关系量才满足梵的第一性和非实在的原则,上一节所说的的满足中间律的客观非实在的隐变量就是指这个隐(空)关系量。既然如此,一个完整的物理学理论必然包括这个空关系量。但现在的物理学没有明确指出空关系量的存在。原因在在第四章说过,西方哲学传统上是本体哲学。在二元对立论的物理模型里,关系量(主体)由实关系量和空关系量共同组成。对于时间和空间,除了实速度(速度)外,必然还有一个空速度,否则时空就不是统一的。这两个速度在下一节详细讨论。

按照二元对立论,对立本体是相互依存的,满足同时性。一个本体的变化会导致另一个本体的变化。在物理学里,两个相关物理量也如此。对于时空,空间的变化会导致时间的变化;时间的变化会导致空间的变化。那么在物理学里,实关系量必然有一个极值。我们在这里只考察实关系量是最简单的数学关系的情况,比如加减乘除。如果实关系量没有极值,一个物理量发生有限的变化,它的对立物理量的变化可以无穷小,或者说不变化,它们之间就没有对立本体的依存性,这就否定了它们之间存在物理关系。对于时、空长度,这个实关系量是除法关系,实速度有极大值:光速 c。对于共轭变量,这个实关系量是乘法关系，它有极小值：1/2 约化普朗克常数[①]h/π。同理，空关系量也有极值。仿照牛顿第三运动定律[②]，在这里简单认定，实关系量的极值与空关系量的极值大小相等，极性相反，即实关系量有极大值，则空关系量有极小值；实关系量有极小值，则空关系量有极大值。实关系量达到极值时，空关系量也同时达到极值。

按照二元对立论，二元对立的结构自身完整，没有其它的存在。在物理学里，实关系量、空关系量和它们的极值之间满足确定的数学关系。根据这个数学关系，实关系量、空关系量和极值三个物理量中的任意一个量可以由其余两个量表示出来。

现在把上面的讨论总结为以下三个可能的自然法则：

（1）物理学中现有的关系量是实关系量，都对应一个空关系量。

（2）实关系量和空关系量都有极值。大小相等，极性相反。实、空关系量同时达到极值。

（3）实关系量、空关系量和极值之间满足确定的数学关系。

极值与空关系量如何影响相关物理量？相关物理量在数学上是什么关系？在下面以三个自然法则讨论狭义相对论时，我们做进一步的分析。

4. 狭义相对论之一：空速度与物质波的相速度：空间与同时性的相对性

按照上一节的法则（1），物理学里的物质运动速度是实速度，会对应一个空速度。我们从爱因斯坦对同时性的分析讨论这个空速度的存在。爱因斯坦在 1905 年狭义相对论的论文第一节中给出了同时性分析。通过研究时钟同步的行为，创立了同时性的相对性。这一分析是科学史上最著名的概念分析之一，已成为物理学理论研究的典范。

在爱因斯坦火车思想实验中，爱因斯坦设想，有一列很长的火车，正在以一恒定的速度 v 沿着一直线轨道行驶。该火车的两端分别为 A 和 B，其中间点为 M。火车从 A 向 B 方向行进（即 A 为车尾，B 为车头），同时假定在某一时刻 t，与火车处于相同位置的铁轨也存在三点 A'、B' 和 M'（三点分别对应于 A、B 和 M）。A' 和 B' 处分别有灯 L1 和 L2，并且 L1 和 L2 在 t 时刻同时打开。那么，L1 和 L2 的光线到达火车中间点 M 处（假定在 t 时刻，M 点和 M' 点是重合的）的时间孰先孰后，还是同时到达？

在这一思想实验中，处于不同参照系中的观察者，“看”到的结果是不一样的。在以铁轨为参照物的坐标系中，站在 M' 点处的观察者“看”到的结果是 L1 和 L2 的光线将同时到达 M' 点。但在以火车为参照物的坐标系中，因为火车正在以速度 v 向前行驶，即当光线 L1 和 L2 发出时，火车上的 A、B、M 和铁轨上的 A'、B'、M' 三点重合，而当光线发出并向前传播时，火车的中间点 M 同时正在以速度 v 远离 A'，向着 B' 点运动。所以，从 B' 点的 L2 发出的光线将先于 A' 点的 L1 发出的光线到达 M 点。

该实验的最终结论为：在不同的惯性系中的空间两点具有不同的同时性，即同时性的相对性。同时性的相对性和光速有关，只要物质运动速度存在极限，必然存在同时性的相对性。相对于不同的惯性系，空间两点同时性不同而光速相同，这两点的长度就是相对的。

这是爱因斯坦个人迈出的重要一步，也是自然科学的一大步。如果我们不是只停留在巨人的影子里，我们可以接着爱因斯坦再迈出一步。爱因斯坦的概念分析是一个定性分析，要推导出狭义相对论里的时空变换关系，只定性是不够的，需要定量同时性的相对性。同时性的相对性是两个相对运动的惯性系在运动方向上空间两点的不同时，这是一个时间长度（时间差）。如果这个时间长度和空间两点之间的长度（在火车思想实验中是火车或铁轨的长度）是线性关系，那么我们就有一个速度（这个线性关系）定量这个时间长度（同时性的相对性）。从火车思想实验可以看出，这个速度既和光速 c 有关，也和火车的速度 v 有关；但既不是 c，也不是 v。所以这个速度是 v 和 c 以外的第三个速度：空速度。单从认识论的意义上，也只可能是一个速度。我们只有空间、时间和它们之间的关系量:速度,没有其他存在。如果想要得到一个空间长度,就要通过一个速度和一个时间长度;想要得到一个时间长度,就要通过一个速度和一个空间长度。

为什么爱因斯坦没有直接指出这个空速度?按照爱因斯坦对量子力学与自然科学的一贯看法,这超出爱因斯坦的思想能接受的范围。既然有这个空速度才能定量同时性的相对性,爱因斯坦不是没提出这个空速度,也推导出洛伦兹变换了?原因在上一节法则(3):实关系量、空关系量和极值满足确定的数学关系,对于时空,实速度、空速度和光速也满足确定的数学关系。即空速度可以由实速度和光速表示出来。

既然如此,狭义相对论的洛伦兹变换自然隐含这个空速度,那么逻辑上我们可以把这个空速度还原出来。这很简单,我们只用看狭义相对论中时间坐标变换公式的分子部分:$t - vx/C^2$。vx/C^2 定量了同时性的相对性。x 是空间坐标,容易推导出,空速度等于 C^2/v。这个空速度和实速度的存在也满足法则 2。实速度的极大值是光速,空速度的极小值是光速。学过物理的想必已明白为什么我要讨论这个空速度。空速度就是物质波[3]的相速度!任何以速度 v 运动着的物体都伴随着一个速度为 C^2/v 的物质波。确实存在 C^2/v 这个非实在的速度,它是时空统一性的组成部分,也是物质运动的组成部分。如果相信这不是数学上的巧合,我们终于知道物质波相速度真正的物理意义,就是空间上的同时性的相对性的度量。

5. 狭义相对论之二:洛伦兹变换与时空的相对性:同时性的定域性

我们已肯定了空速度的存在,也知道了它的物理意义。我以符号 u 表示空速度 C^2/v,把狭义相对论的洛伦兹变换公式重新写一下,使变换公式更加对称,时、空相对性更显而易见。然后在解释公式时，细分一下时间与空间的相对性，这样容易看出爱因斯坦的眼光和机遇。然后重点分析一下同时性的相对性。同时性是量子力学奇异现象的本质。

空间坐标变换公式：$x' = (x - vt) / \sqrt{1 - v/u}$

时间坐标变换公式：$t' = (t - x/u) / \sqrt{1 - v/u}$

速度关系式：$uv = C^2$

空间坐标变换公式的分子部分：$x - vt$，即原来的伽利略变换的右边部分。速度 v 和时间坐标 t 定量了空间的相对性。时间坐标变换公式的分子部分：$t - x/u$，我把它叫爱因斯坦变换。空速度 u 与空间坐标 x 定量了时间的相对性。空间坐标与时间坐标变换公式的分母部分是相同的：$1/\sqrt{1 - v/u}$，即洛伦兹因子，定义了时空的相对性。这个是历史上洛伦兹变换的原始形式，只是用 C^2/v 代替 u。在爱因斯坦建立狭义相对论之前，伽利略变换、原始的洛伦兹变换都已存在。爱因斯坦分析同时性的相对性，加入爱因斯坦变换。新的时空理论完整无缺，无懈可击。

从爱因斯坦变换可以看出，对同时性的相对性的理解，包含两部分。第一，两个惯性坐标系的同时性是相对的，就是不同时。这个在定性上，由爱因斯坦火车实验说明；在定量上，由 x/u 的数值给出，即空间长度和空速度定量同时性的相对性。第二，这个不同时的存在是同时的。同时性的相对性只和空速度 u 与空间坐标 x 有关，而和时间变化无关，所以它的存在是同时的。还是从爱因斯坦火车思想实验谈这第二点。假设火车的 M 点有一个时钟，铁轨上 A' 与 B' 也各有一个时钟，A' 与 B' 的时钟与火车上 M 点的时钟的差别，即同时性的相对性，由爱因斯坦变换' 加 x/u；B' 减 x/u。这里 x 的值是铁轨上 A' 与 B' 之间一半的长度。如果火车的速度突然变成反向的 -vA' 与 B' 的时钟读数立刻相互调换了。这第二点的重要性不止在于全面理解同时性的相对性，它还证明一定距离的空间之间可以存在同时相关性，不受光速限制。对于任何一个运动的物质，物质波的相速度就是空速度。如果同时性是物质的固有性质,那么这个物质,空速度和一个同时性的时间长度可以使空间上的两点同时相关。狭义相对论的定域性限制的是两个存在之间,而不是一个存在自身。狭义相对论的定域性和量子力学的非定域性不冲突。需要强调的是,这个非定域性不是超光速的联系,而是同时性。非定域性容易引起误解,应该直接用同时性这个概念。同时性本身是有定域性的,这个定域的范围就是同时性的时间长度和空速度的乘积,没有定域性,自然的因果律无法保证。我们无法解释电子双缝干涉(物质波波长),也无法解释为什么观察会使电子双缝干涉消失。

速度关系式:$uv = C^2$ 是反比例函数。在平面几何里,就是等轴双曲线。闵可夫斯基[④]指出,洛伦兹变换只不过是一个双曲线旋转。从速度关系式还可以看出,洛伦茨变换的不变量一般和光速的平方有关。洛伦兹变换的不变量最早可能出现在麦克斯韦方程组的解中。真空中介电常数和磁导率乘积的倒数等于光速的平方,光速对任何参照系不变是麦克斯韦方程组的一个推论。麦克斯韦方程组是洛伦兹协变的,不需要相对论修正。

6. 狭义相对论之三:闵可夫斯基时空和自然法则4:时空转换的推广

闵可夫斯基把时间和空间统一到一个时间维和三个空间维组成的四维时空结构。在闵可夫斯基时空里,时间通过光速 c 转换为和三个空间维正交的一个非实在的类空间维。假设这个转换对于自然的二元对立结构是通用的,并且对立二元可以相互转换。我把它定义为自然法则4:在二元对立的结构中,对立物理量通过极值相互转换为和相关物理量正交的非实在的变量,成为相关物理量的一部分,数学上可以用虚数表示。这个保证相关物理量互为各自的变量,同时保证极值对于不同的结构是相同的。对于时空,不同的结构是指两个相对运动的惯性坐标系,光速 c 是它们的极值。前面我们从满足中间律的存在开始讨论非实在的关系量。既然实在的关系量对应一组实在的物理变量,那么非实在的关系量自然也要对应一组非实在的物理变量。这组非实在的物理变量是一组实在的物理变量转换出的。从自然的对称和美学意义上,一组物理变量也应满足相互转换,而不只是单向转换。以前我们只把它作为数学上的处理办法,现在则把非实在的物理变量和关系量看成自然的客观存在。非实在的变量是无法直接观察的,但物理量在不同结构转换时,非实在部分的作用就会表现出来。在几何上,这时物理量相当于直角三角形的一个边,相关物理量之间的数学关系决定它们对应什么样的几何空间。和欧式几何三维空间各向正交一样,这些几何在此意义上都可以看成是某种类欧几何。

自然法则 4 和第三节提出的三个自然法则在逻辑和数学上是一致的。相关物理量转换的两个非实在部分之间必然会存在一个非实在的关系量:空关系量,这和自然法则 1 一致。转换通过极值实现,那么实关系量和空关系量必然共有同一个极值。这和自然法则 2 一致。实在、非实在的相关物理量和极值之间满足确定的数学关系,那么对应的实关系量、空关系量和极值之间也必然满足确定的数学关系,这和自然法则 3 一致。转换自然出现非实在的部分而不增加新的实在的物理量,又同时给出了实在和非实在之间的关系。高速到低速、微观到宏观之间的过渡可以看成是非实在部分的作用逐渐减少,最终可以忽略或者消失的过程。

对时间和空间做转换以初步验证自然法则 4。我们已知道时间在闵可夫斯基时空里通过光速 c 转换为非实在的空间:ict。对称的,空间也同样可以通过光速 c 转换为非实在的时间:ix/c。这里 i 是虚数单位,c 是光速,t 是时间,x 是运动方向上的空间坐标。非实在的速度等于非实在的空间/非实在的时间,容易得出非实在的速度:空速度 $u = ct/(x/c)$。$u = C^2/(x/t)$。代入实速度 $v = x/t$,得 $u = C^2/v$。u 是空间两点同时性的度量,也是物质波的相速度。u 和 v 的极值相同,都是 c。把 v 换到左边,得 $uv = C^2$。这就是速度关系式。这是自然法则4和三个自然法则一致的一个例子。

当我们把转换用于量子力学的共轭变量对时,转换说明:微观世界确实存在多于宏观世界的非实在部分。所以微观世界虽然用和宏观世界相同的物理量描述,却表现出和宏观世界完全不同的现象。转换也说明:对于量子力学,实在的隐变量在逻辑上无存在意义。因为非实在和实在之间通过极值一一对应,量子力学只要用和宏观世界相同的实在的物理量和极值,就可以完整描述微观世界。转换使我们理解为什么虚数在量子力学里是必须的数学表达方式,为什么一组共轭变量对是傅立叶变换对,为什么会有包含虚概率的量子幅(概率幅)的存在。这些问题的哲学答案就是二元对立。

波尔提出过互补原理,被认为是量子力学的基本原理。中国传统思想里一直有阴阳互补的观念。中国的阴阳互补理论很重要的一点是认为阴阳可以相互转换,阴中有阳,阳中有阴。阴阳转换的发生过程就意味着互补的双方同时存在,把两个对立的概念强行放在一起不是互补,反而误导了大家对自然本性的理解。共轭变量对互补,粒子和波并不互补。因为粒子和波之间没有转换的机制,也并不同时存在。转换在整体结构上增加了原本单一实在没有的新的存在。按照结构主义学派的观点:整体大于局部之和。整体上多出来的部分是如何出现的?又如何在分解成局部时消失?这里提供了二元的自然结构的物理模型和数学关系。

7. 量子力学之一:不确定性原理与物质波的频率:能量与同时性的相对性

量子力学沿两条不同的路径发展起来,存在着两个等价的理论:海森堡的矩阵力学与薛定谔的波动力学。海森堡认为,物理上只应讨论那些可观察的物理量。在原子内部,电子的位置和速度是不可观察的,而原子发射出的谱线频率和强度则是可观察的。他的想法是受到爱因斯坦对时间、空间作“操作定义”分析的影响,操作定义会反映出极值对相关物理量的限制。海森堡的方法从实在的物理量出发，比较符合自然科学的传统。海森堡此后又提出了不确定性原理[5]，共轭变量矩阵的正则对易关系可以推导出不确定性原理。薛定谔受德布罗意物质波理论的启发，提出了波动力学。他寻求一个表示物质波本身的波函数和一个表示物质波传播的波动方程，得出了大名鼎鼎的薛定谔波动方程。数学上这两个力学已被证明是等价的，物质波理论和波动方程把不能直接观察的非实在引入了物理学理论。物质波的塌缩证明观察会改变这个非实在。

我们前面以一个空关系量——空速度解释了物质波相速度的物理意义，并建立了狭义相对论和物质波在物理上的直接联系。现在要以另一个空关系量解释物质波频率的物理意义，通过不确定性原理和物质波频率之间的关系，建立矩阵力学和波动力学在物理上的直接联系。两个力学数学上的等价性必然有物理上的一致性，物质波的频率、波长和相速度都是不可观察量，我们能理解这些非实在的物理量的意义，才有可能理解量子力学的本质。

按照物质波的理论，物质的能量和频率成正比，物质的动量和波长成反比（和波数成正比）。基本公式：$E = h\omega/2\pi$，$P = hk/2\pi$。这里 E 是物质能量，h 是普朗克常量，ω 是物质波角频率（$\omega/2\pi$），P 是物质动量，k 是物质波波数（$2\pi/k$）。我们知道物质的能量 $E = mC^2$ 与动量 $P = mv$ 的比值正好是物质波的相速度 C^2/v，也就是空速度。在本章第四节里，我们已知道这个速度是同时性的度量。因为物质波的角频率（或频率）是一个时间段的倒数，我们只要证明这个时间段是同时性的，对于一个运动的物质，物质波的频率公式就可以推导出波长公式，即物质波的两个公式不是独立的，可以通过空速度相互推导出来。对于运动的物质，存在的不是波，而是非实在的时空相关性。这个相关性既是发生干涉的原因，也是测量导致干涉的消失的原因，用波解释干涉的发生会导致观察与不观察必须使用两套不同的逻辑。下面开始讨论物质波的频率与不确定性原理之间的关系。

按照自然法则(1)看量子力学，那么一对共轭变量变化的乘积是实关系量。我把这个乘积以符号 x 表示，这个乘积会对应一个空关系量，也是这对共轭变量的乘积，我以符号 y 表示。y 的物理意义是什么？取能量和时间一组的共轭变量。这时 x 的物理意义是能量的变化量和一个时间长度的乘积关系，y 是伴随 x 的空关系量，就是相对于不同的能量变化，同时性的相对性的度量。按照自然法则 2，实关系量 x 和空关系量 y 都有极值。根据不确定性原理，我们已知道 x 有极小值：$h/4\pi$，那么 y 有极大值，也是 $h/4\pi$。$h/4\pi$ 这个极值在量子力学里的意义，与光速 c 在狭义相对论的意义一样。按照自然法则(3)，x、y 和 $h/4\pi$ 确定的数学关系，这个关系式可以解决量子力学的许多问题。比如如何从微观自然过渡到宏观。

按照自然法则 4 转换一组共轭变量以获得 x、y 和 $h/4\pi$ 关系式。对于能量和时间，能量 E 可以通过极值 $h/4\pi$ 转换为非实在的时间：$ih/4\pi E$；时间 t 也可以通过极值 $h/4\pi$ 转换为非实在的能量：$ih/4\pi t$。容易得出非实在的共轭变量乘积 $y = h/4\pi E * h/4\pi t$。$y = (\frac{h}{4\pi})^2/Et$。代入实在的共轭变量乘积 $x = Et$，得 $y = (\frac{h}{4\pi})^2/x$。把 x 换到左边，得到关系式 $xy = (\frac{h}{4\pi})^2$。可以通过共轭变量乘积的不对易性验证这个转换。时间在前，能量部分加上非实在的能量 $ih/4\pi t$，得到 $t * (E + ih/4\pi t) = t * E + ih/4\pi$。时间在后，能量部分减去非实在的能量 $ih/4\pi t$，得到 $t * (E - ih/4\pi) * t = E * t - ih/4\pi$。对于易后共轭变量乘积的差值 $= t * E + ih/4\pi - (E * t - ih/4\pi) = ih/2\pi$。就得到正则对易关系。

我们仔细想想在什么情况下 x 和 y 会同时有极值。仍然取能量和时间一组的共轭变量，共轭变量的乘积包含能量的变化，那么，一个物质没有和外界能量交换时，如果它的共轭变量的乘积仍然存在，那么这时的乘积 x 应该是极小值。同时，它对应的空关系量 y 是极大值，这对所有物质都相同，无论物质的能量是多少。所以，德布罗意物质波的理论就是极值的情况，因为 y 这个空关系量除以物质的能量定量了同时的相对性，而这时 y 是极值 $h/4\pi$，这个最大的同时性时间长度就等于 $h/4\pi E$。物质波的角频率 ω 等于 $2\pi E/h$，正好是这个时长(同时性的相对性)倒数的一半。这个可能决定了为什么自旋要转两圈才能回到原来的状态。如果这个物质相对于某个参照系是运动的，这个最大的同时性时长乘以空速度得到的空间长度是 $h/4\pi E * c^2/v = (h/4\pi mc^2/v = h/4\pi mv$。代入动量 $P = mv$，得到 $h/4\pi P$ 这是物质能发生自我干涉的空间长度。所谓物质波就是同时性和这个相干空间随着物质的运动在时空中演化。我们应该可以用一个双缝干涉以外的实验证明存在这个非实在的时空相关性。如果测量这个空间定位行为确实会引起同时性变化，并且同时性是物质的固有性质，而基本粒子和时间有关的一个性质是它的寿命，那么实验应该能够证明：仅仅碰撞就会改变基本粒子的寿命。

8. 量子力学之二：电子双缝干涉和概率幅

电子双缝干涉是非常重要的量子力学实验，从中可以看到量子力学的矛盾现象和测量问题，是最简单和明白地显示自然主体性的实验。如果能解释电子双缝干涉，就能理解量子力学。从哥本哈根解释[6]来看，只有哥本哈根学派的人比较清楚自己在说什么。

我们最早通过干涉现象认识到光的波动性，先验地认为只有波才会导致干涉现象。现有的对双缝干涉的解释，都是试图发现或假定有什么东西像波一样同时穿过双缝。事实上我们从来没有观察到任何东西同时穿过双缝，所以物理学家还需要证明这个同时穿过是观察不到的。一个解决办法是说，这可以在更高维的时空发生，低维时空的我们观察不到。数学上我可以理解，考虑到这个现象发生在三维空间或者四维时空，在我看来，这个解释和皇帝的新衣差不多。任何形式的存在，无论是电子本身还是波，分裂后同时穿过双缝又合二为一，都存在着逻辑上不可克服的困难。这个困难不可能通过物质结构和数学的复杂化得到解决，彻底的解决方法是放弃波导致干涉的观点。

一个电子(或者其它什么存在)以某种方式同时穿过双缝才能解释干涉现象的发生。但一个电子同时穿过双缝违反矛盾律,是不可能发生的。我们似乎无路可走,其实还有一种可能,也是唯一的可能:一个电子在不被观察时相当于逻辑上同时穿过了双缝。这个同时穿过不是真实的,和悖论一样,只是逻辑上成立的矛盾律。这个可能不需要额外的假设解释为什么同时穿过观察不到,符合奥卡姆剃刀原理,它的困难是需要先解决一个存在已久的问题:为何存在逻辑悖论?所以我在前一章第十节,专门分析逻辑悖论的成因。对于自然,我们只需要用其中的第二个推论——中间律可以在逻辑上导致矛盾律。然后解决具体的物理问题。这一章前面几节都是在讨论符合中间律的物理存在如何存在,并且不和现有的理论冲突。

从思维而言,如果有一个非实在、反逻辑的现象,我们应该寻找一个非实在、反逻辑的原因。我们讨论量子力学一个实在与非实在的根本问题,态函数的物理意义到底是什么?它的意义不只是在某时某处发现粒子的概率,它更核心的意义是实部和虚部的关系。上一节说到,物质本身的同时性使运动的电子在一段空间上各点出现的概率是相关的,即同时性对应空间上的相干性。那么如何在数学上描述一个电子在同时性空间的存在和相干性?双缝干涉只用讨论电子通过双缝落在屏幕某一点的概率,因为只存在两个相关的概率,这就简化成二元对立的结构。我把双缝分别称为缝 A 和缝 B。按照自然法则 4,穿过缝 A 的实概率 a 可以通过极值转换为穿过缝 B 的实概率 b 的非实在部分;穿过缝 B 的实概率 b 也可以通过极值转换为穿过缝 A 的实概率 a 的非实在部分。那么描述一个电子穿过缝 A 或缝 B 的可能性就是一个实概率加上一个虚概率。这个复数概率就是概率幅,又叫量子幅。通用的一个电子在同时性空间上某一点的概率幅是它在这一点的实概率加上它不在这一点的实概率通过极值转换出的虚概率。双缝干涉是最简单的情况,穿过双缝的实概率相互通过极值转换为各自的虚概率部分。概率幅使双缝的相关性不只表现为干涉现象,还会表现出和经典概率不同的非线性。如果按照前面的4个自然法则,概率幅的存在和两个概率之间非实在关系量的存在逻辑上是等价的,那么概率幅的实部、虚部的同时存在和反逻辑的中间律的存在在逻辑上也是等价的。从信息学讲,概率幅包含了电子在这段空间上的所有信息。概率幅,或者说态函数的物理意义是一个电子在定域的同时性空间上的全息概率或全息函数。波函数的统计解释和态叠加原理是这个物理意义的自然结果,量子力学的第三种表述方法:费曼的路径积分法也是它的自然结果。

因为概率幅是全息概率,电子在不被观察时就会以包含两个概率的方式穿过一条缝,即电子沿所有可能的路径到达屏幕。这时电子在"逻辑上"同时穿过双缝,发生自我干涉。但这个"同时穿过"不是实在的,所以永远观察不到。留下的问题是为什么观察电子从哪一条缝穿过,干涉就消失了?既然前面说同时性导致了干涉,那么和前面逻辑上一致的解释只能是:观察改变了同时性,所以干涉现象就消失了。

要观察电子到底走了哪条缝。一个办法是使双缝对于电子不同时存在:关闭一条缝。这个相当于使用了排中律。两个概率不再同时存在,也不会有满足中间律的非实在关系量的存在。另一个是观察电子从哪一条缝穿过。对于第二种办法,一旦我们测量这个粒子,就是在空间定位这个粒子。对于微观世界,被定位的空间和相干空间逻辑上是相同的,我们就改变了电子在空间原有的相干性。因为非实在的时空相关性,测量就破坏了这个电子此时的同时性。原来的同时性演化中断了,所以干涉就消失了。同时性的演化重新从被测量的此时此处开始,对于物质波,就是有了新的初始相位。如果前几节的讨论是正确的,关于概率幅的实在与非实在的数学关系就留给物理学家了。如果逻辑上是错误的,也不必进行下去。

同时性使一个光子或电子在一段空间上仿佛有生命意识一样。如果关注过爱因斯坦和波尔关于量子力学的的世纪之争,可以发现没有人比爱因斯坦更早意识到此现象的奇异之处,只是他无法理解和接受而已，他对量子力学的诘难不如说都是他自己对此的疑问。而波尔始终相信，自然本来就是这样不可思议的。量子力学基本概念的解释问题是西方本体哲学在现代物理面临的困境：不能再用还原法去寻找更基本的实在的原因，但这也不成为东方哲学先知先觉的骄傲。假如理性是自然科学的敲门砖和基石，那么东方就不曾迈入自然科学的大门。接受非实在对于物理学家并不困难，只要能解释现象和解决问题，物理学家会选择实用而不管是否实在。事实上许多物理学家只在纯粹的数学意义上理解物质波频率和波长这样的非实在，而不去深究它的物理意义，不知道物理意义会给我们理解自然带来困难，也终究会给我们理解生命和意识如何产生带来困难。对于根植于西方文明传统的物理学，承认非实在也是自然的一部分，这个要跨越的是文明的思想鸿沟，以及摆脱理性在自然科学几百年的辉煌成就带来的自信和习惯。

有关现代物理学的讨论到此就结束了。一切对我都太难了。要思考的问题太多，还有波粒二象性和相速度这些似是而非、迷惑人的概念。既超出我的知识，也超出我的智力。相对于现代物理学的伟大成就，强人工智能和生命领域也有很多可以思考的东西。

注释：

①约化普朗克常量 $h = h/(2\pi)$（又称合理化普朗克常量）是角动量的最小衡量单位。有时称为狄拉克常数（Dirac constant）。

②牛顿第三运动定律是由艾萨克·牛顿在1687年于《自然哲学的数学原理》一书中提出的。相互作用的两个物体之间的作用力和反作用力总是大小相等，方向相反，作用在同一条直线上。

③物质波，亦称德布罗意物质波。是法国物理学家德布罗意（1892年8月15日—1987年3月1日）在爱因斯坦光量子理论和玻尔的原子论的启发下提出的。他根据类比的方法把光的波粒二象性推广到更一般的物质粒子，提出实物粒子也具有波动性，即和光一样，也具有波动—粒子两重性。并把这种波称为相波（phase wave），

后人为了纪念他,也称其为“德布罗意物质波”。物质波理论的提出开创了现代量子力学的时代。

④赫尔曼·闵可夫斯基(1864 年 6 月 22 日—1909 年 1 月 12 日),德国数学家,四维时空理论的创立者,曾经是著名物理学家爱因斯坦的老师。

⑤不确定性原理(Uncertainty principle)由海森堡于 1927 年提出,这个理论是说,你不可能同时知道一个粒子的位置和它的速度,粒子位置的不确定性,必然大于或等于普朗克常数(Planck constant)除于 4π($\Delta x\Delta p\geqslant h/4\pi$)。

⑥根据 H. Primas 的系统总结,哥本哈根解释的概要如下:

(1)量子力学考察单个客体。

(2)概率是基本的。

(3)被测客体与测量仪器之间的边界由观察者选择。

(4)观察方式必须用经典物理来说明。

(5)观察是不可逆的,它产生一个记录。

(6)测量时所发生的量子跃迁是由可能到实际的转变。

(7)互补性质不能被同时观测。

(8)只有测量结果可以被认为是真实的。

(9)纯量子态是客观的但不是真实的。

人类心灵与文明本性

RENLEI XINLING YU WENMING BENXING

袁学锋 著

河南人民出版社

图书在版编目(CIP)数据

人类心灵与文明本性 / 袁学锋著. —郑州 : 河南人民出版社, 2015. 1(2020.7 重印)
ISBN 978-7-215-09013-2

Ⅰ. ①人… Ⅱ. ①袁… Ⅲ. ①社会人类学-研究
Ⅳ. ①C912.4

中国版本图书馆 CIP 数据核字(2014)第 242196 号

河南人民出版社出版发行
(地址:郑州市郑东新区祥盛街 27 号 邮政编码:450016 电话:65788058)
新华书店经销 郑州宁昌印务有限公司印刷
开本 890 毫米×1240 毫米 1/32 印张 3.875
字数 100 千字
2015 年 1 月第 1 版 2020 年 7 月第 3 次印刷

定价: 15.00 元